RÉCITS

D'UN

OFFICIER D'AFRIQUE

PAR

LE CAPITAINE BLANC

TOURS

ALFRED MAME ET FILS

ÉDITEURS

RÉCITS

D'UN

OFFICIER D'AFRIQUE

—

3e SÉRIE GRAND IN-8°

Lamoricière reçoit la soumission d'Abd-el-Kader.

RÉCITS

D'UN

OFFICIER D'AFRIQUE

PAR

LE CAPITAINE BLANC

TOURS

ALFRED MAME ET FILS, ÉDITEURS

—

M DCCC XCII

AVANT-PROPOS

Les vieillards sont généralement conteurs. S'ils ont été autrefois soldats, marins ou chasseurs, ils se complaisent au souvenir de leur vie passée : *meminisse juvat,* ainsi que nous disait la vieille grammaire latine de Lhomond; et comme ils ne sont pas assez égoïstes pour garder le secret de leur plaisir, ils racontent très volontiers les accidents de guerre, de mer ou de chasse dont ils ont été les héros. On prétend même que lorsqu'il y a pénurie de faits, certains en trouvent dans leur imagination.

C'est une ressource à laquelle je n'ai pas besoin de recourir. Soldat pendant trente ans en Algérie, à partir de sa conquête jusqu'à sa soumission, j'ai assisté à toutes les actions de guerre de cette longue période; j'ai eu ma part de toutes ses misères; j'en ai connu les principaux héros, et je les ai suivis dès leurs premiers pas dans la glorieuse carrière qui les a conduits au *summum* des honneurs et des dignités.

Ce sont ces faits d'armes que je veux raconter; ces glorieuses misères que je veux dépeindre; ces illustres chefs d'armée que je veux portraire, avec la certitude d'un témoin et l'indépendance d'un historien qui n'a rien à craindre ni à espérer des personnages dont il parle.

Mon but n'est pas uniquement de rendre hommage à la vaillante armée qui a conquis l'Algérie ; je voudrais encore pouvoir donner à mes récits le son du clairon de Constantine et d'Isly, pour réveiller notre France, qui me paraît engourdie sinon endormie.

Une longue paix, succédant à une guerre courte et foudroyante, a détendu nos ressorts et amolli nos fibres : la fibre guerrière, qui vibrait si fort chez nos aïeux les Francs ; la fibre militaire, qui agitait notre drapeau à Rocroi et à Austerlitz ; nous n'osons même pas nous demander si la fibre patriotique n'est pas, elle aussi, sérieusement atteinte.

Et, au fait, pour qui et pour quoi nous ferions-nous tuer ? Les anciens combattaient *pro aris et focis,* pour leurs autels et pour leurs foyers, — les autels avant les foyers. — Où sont nos autels ? où sont nos foyers ?

Nos dieux lares, c'est-à-dire les saintes images, protectrices de nos foyers, sont officiellement arrachées des salles d'école et lâchement proscrites des maisons de tous ceux qui vivent du gouvernement et qui, catholiques, n'osent pas aller à la messe.

Le foyer, c'est pour d'innombrables citadins la Bourse, le cabinet d'affaires, le club, le tripot, le théâtre. Pour les ruraux, les murs de leur maison, leur champ, leur étable. De même que le citadin n'ignore pas que l'agiotage et le sensualisme ne lui seront pas interdits par le vainqueur, le rural sait que ce vainqueur ne lui prendra ni sa maison, ni sa vache, ni son champ ; peut-être même aura-t-il un impôt moindre à lui payer. Que leur importe dès lors cette idée abstraite de patrie ?

Si le foyer de la France est moins brillant qu'autrefois,

c'est qu'il n'est plus suffisamment entretenu par le souffle religieux.

C'est à nous, soldats de la vieille armée, qu'incombe le devoir de rappeler à la nouvelle, qui s'appelle *nation*, qu'on n'est réellement brave que si l'on a au cœur le sentiment religieux. Napoléon le savait bien lui qui disait à l'illustre général Drouot : « Drouot, tu es le plus brave de mon armée, parce que tu en es le plus religieux. »

Nous le savons aussi, nous qui avons blanchi sous le harnais, et qui avons pu juger du degré de spiritualisme chez les hommes d'après celui de leur courage dans les combats, de leur constance dans les souffrances de toute sorte, inévitables compagnes d'une guerre de trente ans dans un pays et contre des populations à demi sauvages.

Puissent nos récits atteindre le but que nous nous proposons : exciter l'émulation de la génération nouvelle par l'exemple de celle qui s'en va !

Capitaine BLANC.

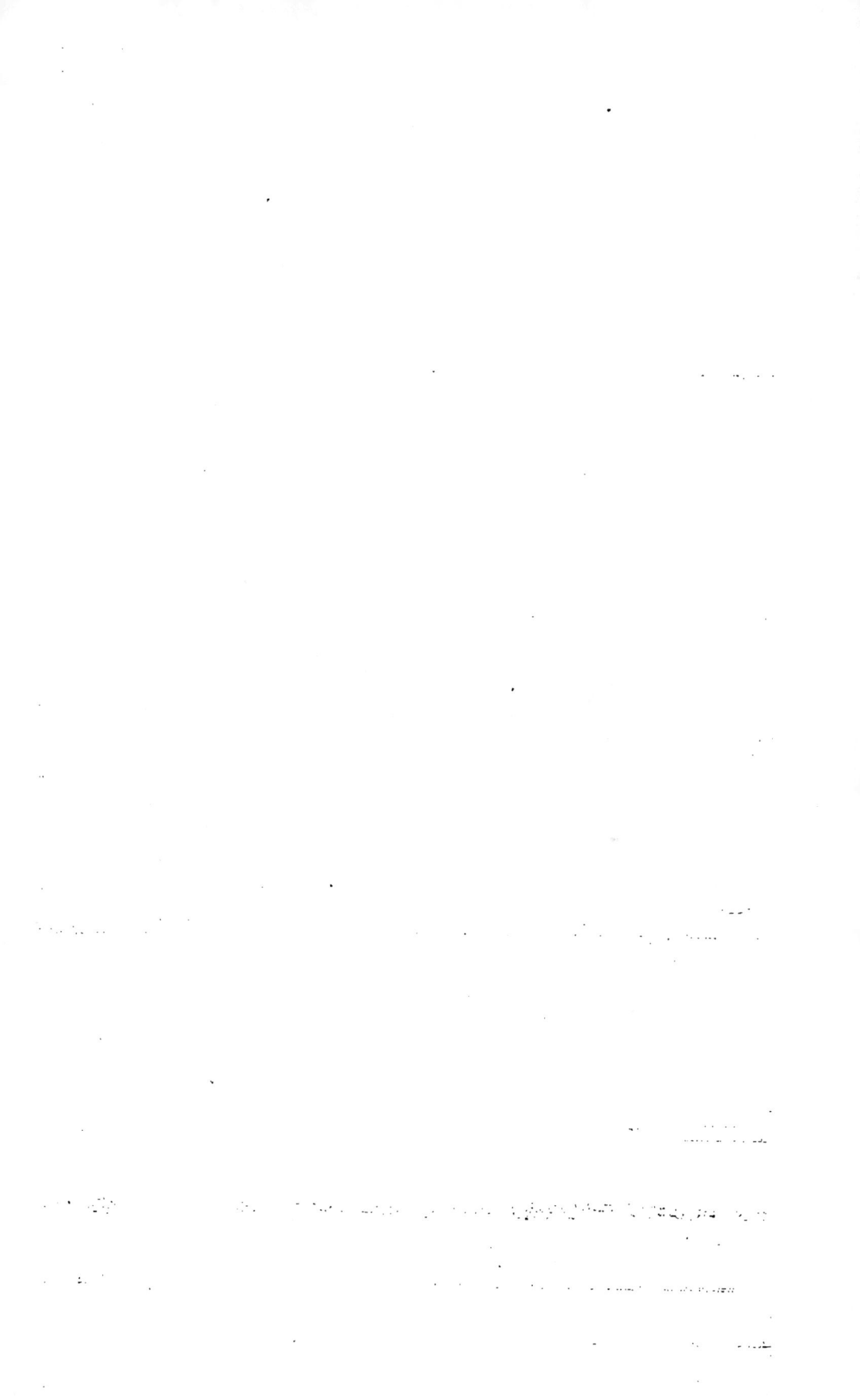

RÉCITS

D'UN

OFFICIER D'AFRIQUE

PREMIÈRE PARTIE

L'ACTION MILITAIRE

LES PREMIÈRES BALLES

C'est le 1er décembre 1835 que j'entendis, pour la première fois, siffler les balles. J'avais l'honneur d'être fourrier au 2e léger, régiment envoyé en Algérie avec le 17e léger et le 47e de ligne, pour venger à Mascara, sur Abd-el-Kader, l'échec que celui-ci avait infligé, à la Macta, au général Trézel. Mais avant de raconter le drame je dois décrire la scène et esquisser les grands premiers rôles, en attendant que je fasse leur portrait en pied. Cela viendra dans le cours des événements.

Trois régiments étaient donc venus de France, — je les ai nommés ; — on les avait tirés de la division active des Pyrénées-Orientales, commandée par le général Castellane, et qualifiée de : « la meilleure école militaire de France, » par le duc d'Orléans. En même temps que ces régiments français, arrivaient à Oran des vieilles troupes d'Afrique, entre lesquelles les zouaves, dont nous admirions surtout le jeune commandant Lamoricière, aux allures si simples et si militaires. Ses soldats, ses sous-officiers surtout, n'en parlaient qu'avec enthousiasme ; et lorsque nous le voyions passer, à cheval en selle arabe, portant ses cheveux longs comme un Palikare, sa chachia négligemment jetée sur sa tête, nous

nous arrêtions pour le saluer et surtout pour mieux le regarder.

En même temps que l'armée se complétait en soldats, elle recevait les chefs qui devaient la conduire : M. le maréchal Clauzel était arrivé d'Alger, et Mgr le duc d'Orléans de France.

Le premier nous apportait sa grande expérience militaire, les grandes traditions des guerres de l'Empire, toute une vie de gloire ; le second nous offrait un témoignage de l'intérêt

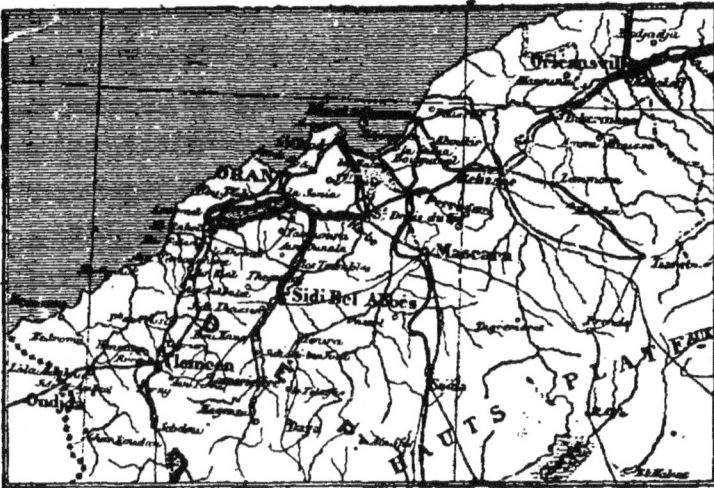

Province d'Oran.

du chef de l'État et une garantie que nos travaux seraient justement appréciés. Tous les cœurs étaient tournés vers ces deux hommes, qui personnifiaient le passé et l'avenir de l'armée.

Le maréchal avait toute la simplicité des héros antiques : un képi à double visière, une redingote à boutons dorés, sur laquelle étaient fixées deux vieilles épaulettes de maréchal, une petite épée et une simple croix d'officier de la Légion d'honneur ; telle était la tenue de cet homme qui avait mérité l'estime du plus grand génie dans l'art de la guerre.

Le duc d'Orléans avait le feu sacré ; il témoignait en tout et partout la plus grande sollicitude pour l'armée. Il savait que les princes français doivent être les premiers soldats de cette nation guerrière ; et lors même que ses nobles instincts ne l'eussent pas porté à ce rôle, sa haute intelligence le lui eût fait embrasser. Il montrait le plus grand désir de s'instruire, et ne dédaignait pas d'entrer dans les plus petits détails de cette immense machine qui s'appelle une armée. Ces qualités, jointes à un grand air de douce familiarité, le rendirent promptement cher aux soldats et aux officiers, pour lesquels il était toujours abordable.

L'état-major général captivait aussi notre attention, et c'était à bon droit, car il se composait de noms illustres dans l'armée. Il y avait, entre autres, notre général de brigade Oudinot, le futur général en chef du siège de Rome contre Garibaldi, venu pour venger son frère, le colonel du 2e chasseurs d'Afrique, mort au combat de la Macta, en chargeant à la tête de son régiment.

YUSUF

Dans ce groupe brillant d'habits brodés, d'épaulettes et de décorations, un homme se faisait remarquer. Il portait le costume turc; un cachemire couvrait sa tête expressive, et sous les plis élégants de cette coiffure brillait un regard plein de feu. Une barbe noire et soyeuse encadrait le bas de son visage fin et énergique; il montait des chevaux admirables, dont il faisait ressortir l'élégance et la vigueur par la grâce qu'il mettait à les manier. Il ne quittait jamais le maréchal, avec lequel on le voyait souvent causer.

Cette richesse de costume, cette noblesse de maintien, cette familiarité avec le chef de l'armée nous intriguaient au dernier point. Nous demandions à nos camarades plus anciens que nous en Afrique ce qu'était ce remarquable cavalier; ils ne répondaient qu'une chose : il s'appelle Yusuf.

Cela ne nous apprenait pas grand'chose pour le moment; mais peu à peu les renseignements m'arrivèrent, nombreux et précis; et après avoir servi de longues années avec ou sous les ordres de mon inconnu de 1835, après que le brave et beau cavalier Yusuf fut devenu le remarquable général Yusuf, j'ai pu raconter sa vie assez exactement, bien que sommairement, pour que sa noble veuve m'en ait remercié.

Les souvenirs de Yusuf étaient confus sur son enfance;

cependant il se croyait Génois. Enlevé par des corsaires
barbaresques, il avait été vendu ou donné au bey de Tunis,
qui, séduit par sa gentillesse et sa jolie figure, l'avait élevé
dans son harem. Il l'y laissa trop longtemps; et, à la suite
d'une intrigue de gynécée, le bey ordonna la mort de son
favori. Celui-ci, prévenu, s'échappa et se rendit au camp
français sur la plaine de Staouëli.

Il apparut à Bourmont comme un mameluck détaché du
grand tableau de la bataille des Pyramides. Ses armes res-
plendissantes, le riche harnachement de son cheval, sa bonne
mine, la grâce de toute sa personne, sa bravoure, concordant
avec la légende d'aventures dont son enfance était enveloppée,
tout fit prévoir à l'illustre vainqueur d'Alger les actions d'éclat
dont ce volontaire devait donner le brillant exemple.

A la première formation des chasseurs algériens, Yusuf
fut nommé sous-lieutenant au titre indigène, et il devint
promptement capitaine dans ce corps. C'est comme capitaine
qu'il accomplit le fait prodigieux d'enlever la casbah de
Bône, avec la seule aide d'un autre officier et de vingt-deux
matelots.

Au mois de mars 1832, cette citadelle avait été prise par
ruse au détachement de zouaves, — tous indigènes, — qui
l'occupait. La population de Bône, dévouée aux Français,
était à la merci d'un ancien bey de Constantine, qui les
tenait sous ses canons.

Le capitaine Yusuf et un officier d'artillerie, M. d'Armandy,
arrivent sur une balancelle; ils s'embusquent dans des broussailles au pied de la casbah. La nuit, ils escaladent les murs,
et, le 27 au matin, le drapeau français brille au principal
bastion, rendant la joie et l'espérance aux habitants, dont la
ville est cependant encore au pouvoir de Ben-Aïssa, lieutenant
du bey de Constantine.

Ben-Aïssa, furieux, se rue plusieurs fois contre la casbah,
d'où il est constamment repoussé. Alors il eut recours à la
trahison. Il corrompit les zouaves de la garnison, qui s'enga-
gèrent à tuer leurs deux officiers. Yusuf et d'Armandy furent
prévenus de ce complot. Aussitôt Yusuf fait rassembler les
principaux meneurs, abaisser le pont-levis et annonce une
sortie contre les troupes de Ben-Aïssa. Il les conduit ainsi
jusqu'au glacis et leur fait faire halte. Se tournant alors vers

eux : « Vous avez résolu, leur dit-il, de tuer vos officiers et de livrer la casbah à l'ennemi ; vous êtes des traîtres et des lâches ! »

A cette foudroyante apostrophe, les conjurés sont stupéfaits. Yusuf reprend, en s'adressant aux deux principaux coupables : « Quoi, Jacoub ! quoi, Mouna ! vous restez impassibles ? Voici le moment propice de mettre une partie de vos projets à exécution ; frappez, je vous attends. Vous ne donnez pas le signal ? Alors moi je vais commencer. » Et de deux coups de pistolet il leur casse la tête. « Maintenant, s'écria-t-il en se tournant vers les autres, à l'ennemi ! »

Cette répression énergique d'une hideuse conspiration, suivant de si près l'étonnante réoccupation de la casbah de Bône, placèrent Yusuf au premier rang des braves et firent prévoir son brillant avenir. Yusuf a justifié ces prévisions et prouvé qu'il était Français de cœur, digne de commander des Français, avant que les lettres de grande naturalisation vinssent consacrer ce titre.

Consultez l'histoire de l'Algérie et voyez si, de 1830 à 1860, — l'époque laborieuse, — il s'est fait quelque chose de périlleux, d'utile, de grand, sans que le capitaine, le commandant, le colonel, le général Yusuf n'y ait rempli un des premiers rôles.

Yusuf, apparaissant comme un météore dans un ciel resplendissant d'astres brillants, n'avait que des difficultés devant lui ; il les surmonta toutes. A mesure qu'il s'élevait dans la hiérarchie, il comprenait que l'étude seule pouvait le mettre au niveau de ses collègues, et bientôt son aptitude remarquable avait comblé cette lacune : art militaire, administration, mathématiques, littérature, la musique même, lui devenaient familiers. Aussi faisait-il à peu près exception à cette règle : que les officiers de cavalerie s'entendent peu à la conduite d'une colonne composée des trois armes. Si, comme cavalier, il a brillé entre tous à l'enlèvement de la smala et à la bataille d'Isly, personne ne l'a surpassé en Kabylie ni chez les Beni-Snassen.

De toutes les connaissances dont Yusuf poursuivait la conquête depuis son arrivée au camp français, aucune ne lui tenait tant au cœur que celle de notre religion. Il se sentait chrétien ; il comprenait que la grâce du baptême n'était pas éteinte en son âme, mais assoupie sous une couche épaisse d'ignorance, que la vérité catholique pouvait seule percer et dissiper. Il chercha la lumière loyalement, résolument; et, l'ayant obtenue, le général Yusuf devint un chrétien pratiquant et fidèle.

Un mariage des plus honorables compléta son existence; puis le gouvernement, voulant lui donner un repos digne de ses glorieux services de guerre, lui confia le commandement d'une des plus importantes divisions du midi de la France. Il y eut la nostalgie de la guerre et y mourut en soldat chrétien, entouré des secours de la religion, des soins dévoués de sa famille et des regrets d'une population éplorée.

Tel fut le général Yusuf, grand-croix de la Légion d'honneur, noble figure bien digne de figurer dans cette galerie des illustres qui commence par Bourmont et finit par Chanzy. Si, contrairement à ce que je m'étais promis en commençant, j'ai tout de suite fait son portrait en pied, c'est qu'il est le moins connu de la masse de mes lecteurs, n'étant pas Français d'origine et n'ayant jamais été mêlé à la politique de notre pays. Son nom devant revenir souvent sous ma plume, j'ai voulu que sa personne fût connue d'abord.

EN ROUTE POUR MASCARA

Tout étant prêt, personnel et matériel, l'armée quitta Oran l'un des derniers jours de novembre. Nous voilà donc en route; mais, avant de dire où cette route nous conduisit, il est bon de rappeler quel était l'équipement du soldat d'alors. La génération actuelle n'en a pas l'idée.

Une énorme giberne, contenant soixante cartouches, battant le bas des reins, soutenue par une buffleterie se croisant sur la poitrine avec le baudrier du sabre; la capote bien boutonnée jusqu'au col; le sac contenant une paire de souliers, deux chemises, un caleçon, une paire de guêtres en toile et une autre en cuir, la trousse, soixante cartouches et un sachet renfermant pour neuf jours de vivres, indépendamment de quatre autres en riz, sel et biscuits; en tout, treize jours de vivres, et, sur le sac, l'habit ou la veste roulé dans son étui. Plus un sac de campement, et les ustensiles de cuisine : gamelles, marmites et bidons. Nos sacs étaient de véritables armoires, le double de ceux d'aujourd'hui. Il est vrai que les hommes d'alors étaient aussi plus forts que les soldats actuels, étant plus âgés.

N'importe, nous allions courageusement et gaiement, cherchant partout l'ennemi.

Nous ne le vîmes que le 1er décembre. Abd-el-Kader avait

Infanterie de ligne.

établi son camp vis-à-vis du nôtre, dans une gorge d'où sort le Sig, petite rivière qui traverse la plaine et se joint à un autre cours d'eau, nommé l'Habra, pour former la Macta. Les deux camps n'étaient guère qu'à trois kilomètres l'un de l'autre, et le maréchal résolut de faire une visite à son voisin. Il partit donc à la tête d'un tiers environ de ses troupes. Ce ne fut pas long : une heure à peine de combat, au bout de laquelle le camp ennemi était enlevé et les Arabes refoulés dans la montagne.

J'avais donc reçu le baptême du feu. Quelle impression en avais-je éprouvée ? Je ne l'ai jamais su ; j'étais trop occupé pour faire de la psychologie sur mon individu. Tout ce dont je me souviens, c'est que je trouvai cela fort beau, et qu'en rentrant au camp je dévorai la soupe qu'on avait eu soin de nous faire dans les compagnies correspondantes. Nos pertes, dans ma compagnie, étaient d'une quinzaine de blessés, parmi lesquels notre lieutenant, M. Plantier, qui fut amputé le soir même d'une cuisse et survécut heureusement à sa blessure.

SUR L'HABRA

Le 3 décembre, l'armée reprenait sa marche sur l'Habra, qu'il fallait passer à gué pour aller à Mascara. Parallèlement à notre colonne et sur notre droite marchait en bon ordre la cavalerie ennemie. Abd-el-Kader voulait nous arrêter au passage de l'Habra : il avait envoyé son infanterie régulière occuper le bois qui environne le marabout bâti sur la rive droite de la rivière ; ses quatre pièces étaient établies en amont, de manière à nous prendre en flanc au passage du gué. A mesure que nous approchions de la rivière, la cavalerie arabe appuyait vers nous pour nous charger, le moment venu.

Ces dispositions étaient habiles, mais Abd-el-Kader avait contre lui un adversaire avec lequel toute lutte de tactique était impossible. Tout à coup une vive fusillade éclate du bois du marabout, le canon arabe se fait entendre ; l'armée, qui marchait par bataillon en échiquier, s'arrête. Cinq minutes suffirent au maréchal Clauzel pour donner ses ordres : le 17ᵉ léger traverse la rivière, ayant de l'eau jusqu'à le ceinture, et se jette à la baïonnette sur les réguliers ; un bataillon du 2ᵉ léger, commandé par Changarnier, marche droit aux pièces ; et nos escadrons, faisant à droite, s'élancent sur les goums arabes. L'éventail s'était ouvert, et tout était dispersé. Nous couchâmes sur le lieu même du combat, dans lequel notre général de brigade, Oudinot, avait reçu une blessure assez grave, et notre général de division, le duc d'Orléans, une balle morte à la cuisse.

Bonne marche le lendemain ; mais dans la nuit qui la suivit, sur le plateau des Bordjiahs, le mauvais temps nous arriva avec son cortège de misères : pluie, grêle, neige et vent. La division d'Orléans avait poussé en avant sous les ordres du maréchal, qui, apprenant qu'Abd-el-Kader abandonnait Mascara, y accourait au plus vite.

Quelle désolation que notre entrée *triomphale* dans cette

ville, en pleine nuit, sous des torrents de pluie, pateaugeant dans la boue et le fumier, sans direction, sans guides, rompus en vingt tronçons, égarés, étourdis par vingt clairons sonnant vingt ralliements divers à la fois!

Enfin nous fûmes entassés ici et là pendant trois jours, puis nous repartimes après avoir fait sauter les points les plus fortifiés de la ville.

En rejoignant le reste de l'armée sur le plateau des Bord-jiahs, nous eûmes le récit de ce qu'avaient souffert nos camarades, sans abri, sans tentes, sans feu, sur ce terrain marneux d'où le pied ne pouvait s'arracher et où l'on ne voit pas un arbre, pas un buisson à quatre lieues à l'entour. L'impossibilité de faire du feu était cruelle; car, sans feu, pas de cuisine, et pendant quatre jours ne se nourrir que de biscuit noir, c'est très dur.

Ma compagnie trouva très ingénieux de se faire un feu avec les coffrets en bois qui garnissaient nos vastes gibernes. Ce feu remarquable donna lieu à une scène originale que j'ai grande envie de raconter.

Nous étions tous pressés autour d'un bon brasier, et debout, car on ne pouvait pas s'asseoir, à moins de se plonger dans la boue, quand trois personnages, enveloppés dans des manteaux qui leur cachaient le visage, s'approchèrent de notre cercle, jouant des coudes et des genoux pour arriver jusqu'au feu. Il se fit un mouvement parmi les hommes, et le sergent Demay, s'adressant aux intrus, qu'il prenait pour des artilleurs : « Hé! vous autres, leur dit-il, avez-vous porté votre bûche, pour vous chauffer à notre feu? — Ma foi, sergent, lui répondit l'un d'eux, si je n'en porte pas, c'est que je n'en ai pas, et je suis étonné que vous ayez pu vous en procurer. » En même temps il écarte son manteau, et nous reconnaissons le duc d'Orléans, qu'accompagnaient deux de ses aides de camp. Jugez de notre émotion et de la confusion du sergent Demay. Le cercle s'agrandit aussitôt, et le prince et ses généraux s'approchèrent du brasier, ne se doutant pas que c'était à des coffrets de giberne qu'ils devaient cette douce chaleur, à laquelle ils tendaient leurs mains et leurs pieds glacés.

Le prince, après avoir souri un instant de notre embarras et rassuré le sergent Demay, causa familièrement avec nous, interrogeant les uns et les autres avec une bonté parfaite.

nous plaignant de nos souffrances et relevant notre moral, qui, il faut l'avouer, en avait grand besoin.

Le général de Sabran nous disait : « J'ai vu les boues de la Pologne ; elles étaient moins pénibles que celles de Mascara. Là-bas, du moins, nous avions du bois pour nous chauffer, des fermes, des hameaux, des villages même pour nous abriter ; tandis qu'ici vous n'avez pas la moindre ressource contre le mauvais temps. »

Dans cette marche désastreuse, où nous perdîmes plus de monde que par le feu de l'ennemi, où les malheureuses familles juives qui avaient quitté Mascara, fuyant la vengeance d'Abd-el-Kader, tombaient et mouraient dans la boue, je fus témoin des terribles effets de l'alcool sur des estomacs vides et des corps débilités.

Notre convoi se composait en grande partie de chameaux. Ces animaux, si utiles pendant le beau temps et sur un terrain ferme, ne purent pas résister à la rigueur de la saison et à la boue; aussi s'abattaient-ils en grand nombre, jalonnant de leur masse le chemin que nous suivions. Tous étaient chargés de vivres, qu'on abandonnait, faute de pouvoir les charger sur d'autres bêtes de somme, ou de les distribuer à la colonne. Parmi ces vivres, ainsi abandonnés, se trouvaient des barriques d'eau-de-vie, — car on nous distribuait alors de l'eau-de-vie le matin. — Malgré l'ordre qui en avait été donné, toutes n'étaient pas défoncées; quelques-unes ne l'étaient qu'imparfaitement; et le contenu de celles qu'on avait brisées, répandu sur cette terre argileuse, formait des réservoirs dans toutes ces crevasses, et s'y conservait pur comme dans des vases.

J'ai vu de malheureux soldats se jeter sur ces barriques et s'en disputer avec fureur la possession ; quelques-uns se jeter à plat ventre et boire à longs traits cette eau-de-vie dans les trous où elle avait coulé. Quand ils se relevaient, c'étaient des hommes morts; ils avaient perdu, avec la raison, le peu de force qui leur restait; ils chancelaient et tombaient à chaque pas. Les bataillons, en passant près d'eux, essayaient de les relever et de les emmener, mais il fallait y renoncer, sous peine de perdre son temps et la trace du bataillon qui précédait. L'arrière-garde tentait un dernier et inutile effort; on ne pouvait pas les emporter, les cacolets étant encombrés de blessés et de malades. On était donc forcé de les abandonner, et un instant après ils étaient égorgés par les Arabes, qui nous suivaient comme les chacals suivent leur proie.

Tristes souvenirs qui me reviennent comme un lugubre cauchemar.

DÉPART POUR TLEMCEN

Une fois descendus des plateaux dans la plaine, notre marche fut facile et sans événements remarquables. Nous fîmes un assez grand détour, en passant par Mostaganem, où le maréchal voulait embarquer ses malades ainsi que ses blessés, et donner trois ou quatre jours de repos à sa colonne fatiguée. Là le duc d'Orléans, malade de la dysenterie, nous quitta pour rentrer en France, par ordre des médecins. Le général Perrégaux le remplaça dans le commandement de notre division.

Mostaganem était alors une laide bicoque, offrant très peu de ressources à la garnison habituelle, et à plus forte raison à une armée d'affamés. Il y avait deux boulangers et quelques marchands de comestibles, millionnaires depuis lors. Malgré toutes les précautions d'ordre qu'on avait prises, la ville semblait être au pillage, quoique les pillards, — qui venaient de toucher leur arriéré de solde, — jetassent l'argent à pleines mains, en échange d'abominables denrées.

C'était chez les boulangers que se passaient les scènes les plus tumultueuses. L'un d'eux, ayant fini sa farine, fut obligé de barricader sa maison ; l'autre dut demander un piquet pour le protéger. Le piquet arrive et notre homme travaille ; il pétrit tout à son aise et il enfourne. Quand il pense que son pain est cuit, il veut le retirer. O surprise ! Sur cent pains qu'il avait mis dans le four, il n'y en avait plus qu'une vingtaine. Des soldats, s'étant aperçus que le four donnait sur une ruelle déserte, en avaient démoli le fond et enlevé le pain à peine saisi par le feu. Il est juste d'ajouter qu'ils avaient scrupuleusement mis l'argent de ce pain dans le four.

Partis de Mostaganem pour Oran, nous prîmes notre route

par le bord de la mer, traversant la Macta à son embouchure, et contournant ensuite la montagne des Lions. Arrivés à Oran avec l'espoir de nous y reposer, nous reçûmes l'ordre de repartir quatre jours après pour Tlemcen.

TLEMCEN

Tlemcen, ville frontière du Maroc, était habitée par les Coulonglis, superbe race issue des Turcs et des Mauresques, dès l'époque de Kaïr-el-Din (Barberousse).

Abd-el-Kader était parvenu à se rendre maître du Méchouar (la citadelle) et tenait sous le couteau les habitants de la ville, fiers contempteurs et séculaires ennemis des Arabes, contre lesquels ils demandaient notre secours.

Le devoir du maréchal étant de frapper Abd-el-Kader partout où il pourrait l'atteindre, il accueillit favorablement les vœux des Coulonglis et se mit en marche sur Tlemcen à la tête d'une colonne relativement peu nombreuse, mais composée de troupes d'élite. Il n'eut qu'un combat insignifiant au passage de l'Isser, que les Arabes tentèrent de défendre.

Installé à Tlemcen et occupé à organiser la ville et le pays environnant, il apprit qu'Abd-el-Kader était à quatre lieues, dans les gorges de la Saf-Saf, avec ses goums, son infanterie, la partie de la population de Tlemcen autre que les Coulonglis, et les troupeaux de ses adhérents.

Sa résolution fut aussitôt prise. Il lança dans la direction indiquée une colonne légère, dans laquelle les Arabes alliés entraient pour treize cents chevaux, sous les ordres d'El-Mézari et du commandant Yusuf. Le choc de cette cavalerie fut si rapide et si décisif, que l'infanterie n'arriva sur le terrain que pour constater les résultats de cette brillante affaire. Tous les bagages d'Abd-el-Kader furent pris, et l'on ramena à Tlemcen une population de cinq mille individus de tout âge et de tout sexe, qu'il avait forcés de le suivre.

Dans ce combat, le commandant Yusuf s'était attaché à la personne d'Abd-el-Kader, le poursuivant sans relâche, dédaignant les ennemis vulgaires qui tentaient de l'arrêter.

Six fois il parvint à séparer l'émir des siens, six fois il ne fut qu'à quarante pas de lui ; et, si son cheval n'avait pas été fatigué par près de quatre heures de galop, il se serait certainement emparé de sa personne.

Le 25 janvier. le maréchal partit avec environ la moitié de

Tlemcen.

son armée et les auxiliaires, pour reconnaître la route de Tlemcen à l'embouchure de la Tafna, où se trouve l'île de Rachgoun. Petit engagement en allant; mais, au retour, sérieux combat où le maréchal fit preuve de prévoyance et d'habileté. Il se doutait bien qu'Abd-el-Kader chercherait à l'arrêter au passage des montagnes qui séparent le bassin de la Tafna de celui de l'Isser; et c'est dans cette pensée qu'il avait laissé le général Perrégaux à Tlemcen avec une bonne partie de ses troupes. Lorsqu'en établissant, le soir, son bivouac au pied des montagnes, il vit l'ennemi bien établi sur les premiers contreforts, il envoya l'ordre à son lieutenant d'accourir à tel point désigné.

Le lendemain, à la pointe du jour, le combat s'engagea. Huit ou dix mille Arabes se jetèrent sur nos auxiliaires et les refoulèrent facilement sur la brigade d'Arlanges. L'avantage était évidemment pour Abd-el-Kader, lorsque tout à coup le feu de l'ennemi se ralentit, et l'on vit les goums se disperser précipitamment dans toutes les directions. Sur ses derrières arrivait la colonne Perrégaux, dont la présence renversait les conditions du combat. Le pays était trop difficile pour songer à poursuivre l'ennemi, et l'on rentra tranquillement à Tlemcen.

Le maréchal séjourna encore quelques jours dans cette ville, et ne la quitta qu'en y laissant un bataillon de cinq cents volontaires sous les ordres du capitaine du génie Cavaignac. Ces braves s'enfermèrent au Méchouar, largement approvisionné en vivres et munitions de guerre, et y restèrent, privés de toute communication avec le monde civilisé, combattant presque tous les jours, jusqu'à ce que, — dix-huit mois après, — le général Bugeaud les retirât de leur très honorable prison.

RETOUR A ORAN

Les Arabes semblaient avoir réservé toute leur audace pour notre retour à Oran ; non qu'ils nous livrassent des combats sérieux, mais ils montraient une audace individuelle et un acharnement inouïs, qui amenèrent des accidents moins graves qu'originaux.

C'était de préférence la nuit que s'exerçait leur ruse diabolique. Pendant qu'une partie d'entre eux travaillait sur une face de notre camp, une autre s'y glissait par le côté opposé. Pour s'y rendre plus invisibles, si je puis parler ainsi, ils se dépouillaient de leurs vêtements ; quelques-uns les remplaçaient par des branches de feuillage ; de sorte que, marchant quelques pas avec précaution, puis s'arrètant quelques instants, les sentinelles les confondaient avec les buissons.

A cette époque, nous ne connaissions pas l'excellent sys-tème des embuscades se reliant entre elles autour du camp ; nous avions des grand'gardes en avant sur chaque face du carré que nous formions, de sorte qu'il était facile aux maraudeurs de passer par les intervalles que ces postes laissaient entre eux, et de pénétrer jusqu'au front de ban-dière. Là, ils n'avaient à craindre que la sentinelle placée devant les armes. Or les faisceaux, très espacés, tenaient tout le front d'une compagnie. La sentinelle, se promenant devant les armes, tournait nécessairement le dos à une extré-mité quand elle marchait vers l'autre. Les maraudeurs, blottis à quelques pas, suivaient ses mouvements ; puis, sai-sissant le moment opportun, d'un bond dépassaient les fais-ceaux et se trouvaient dans le bivouac, où, avec une dextérité merveilleuse, ils détachaient chevaux et mulets qu'ils emme-naient sans que ni le maître du cheval, ni son ordonnance, ni les sentinelles s'en aperçussent. D'autres fois, ils s'ar-rêtaient au front de bandière et enlevaient un, deux, trois fusils, souvent même des faisceaux entiers.

Un soir, ils avaient commencé à exercer leur industrie d'une manière assez fructueuse et ils l'eussent continuée tranquillement, sans un incident qui mit tout le monde sur pied.

Un de ces maraudeurs, passant près du feu de bivouac des grenadiers du 62e, aperçut, au milieu des hommes profon-dément endormis, un grand ballot roulé dans une couver-ture. Pensant qu'il y avait là un butin précieux, il empoigna ce ballot et le mit sur son épaule. Aussitôt, voilà sa charge qui s'agite et pousse des cris. L'Arabe a peur, jette son fardeau à terre et se sauve. La couverture finit par se dérouler, et il en sort un officier de la compagnie de gre-nadiers, lequel se met à crier : Aux armes! sous le coup de son étrange cauchemar. Les coups de fusil partent de tous les côtés, et les grand'gardes se mettent aussi à tirer sans savoir où ni pourquoi ; c'était un véritable feu de deux rangs. Vérification faite, il nous manquait quelques chevaux et mulets, plus trois faisceaux enlevés à une compagnie d'élite d'un régiment que je ne désignerai pas. Le maréchal était de fort méchante humeur, le lendemain ; et pour punir cette compagnie, qui avait perdu une partie de ses armes, il ordonna qu'elle marcherait dorénavant avec les bagages. C'était dur pour des gens de cœur.

Cependant, trois jours après, au *défilé de la chair,* sur le point de forcer ce passage que les Arabes défendaient, le maréchal rendit à ces braves gens leur place de bataille, où ils firent merveille.

ALGER. — MÉDÉAH

Embarqués à Oran, dès notre retour dans cette ville, nous fûmes tout aussitôt réembarqués pour Alger. Nous y restâmes un mois, durant lequel nous nous mîmes en état de prendre part à l'expédition que le maréchal préparait contre Médéah.

Le 30 mars 1836, la colonne, forte de sept mille hommes, descendit du Sahel, traversa la Mitidjah et campa, le troisième jour, au pied de l'Atlas, au point dit le col de Mouzaïa, qu'il fallait enlever aux Arabes pour pouvoir aller à Médéah.

Un grand piton domine le col, dont il est la clef. Il fallait en être maître pour pouvoir arriver au col par le sentier de chèvres que le génie travaillait à rendre praticable pour notre artillerie et nos bagages. C'est au 2e léger et aux zouaves qu'échut l'honneur d'enlever le grand piton, et ils le firent avec un tel brio et une telle vigueur, que les Arabes n'eurent que le temps de s'enfuir dans toutes les directions. Le maréchal planta sa tente au milieu du col. Le lendemain la neige tomba et dura trente-six heures, pendant lesquelles nous eûmes à soutenir des combats acharnés, qui coûtèrent au 2e léger cent hommes et trois officiers.

Le bey nouveau étant installé à Médéah, et une route carrossable, de quinze mille six cents mètres, étant faite de la plaine au col, nous descendîmes des sommets de l'Atlas dans la Mitidjah, pour gagner Douéra, notre point de départ. Ainsi, dans le court espace de quatre mois, nous avions combattu dans deux des provinces de l'Algérie. Nous allions bientôt voir la troisième, et y souffrir encore plus que dans les deux premières.

PREMIÈRE EXPÉDITION DE CONSTANTINE. — RETRAITE

A Douéra, notre temps se passait en excursions contre les Hadjoutis, tribu nombreuse et guerrière établie sur la Mitidjah, dont elle nous interdisait la possession. C'était une besogne fatigante et fastidieuse, parce que l'ennemi nous échappait toujours, étant parfaitement renseigné sur tous nos mouvements.

Le bruit se répandit qu'on allait faire une expédition contre Constantine, et, contrairement à ce qui arrive des bruits de caserne, celui-ci était vrai. Le gouvernement avait, en effet, décidé l'occupation de Constantine, et le maréchal Clauzel était disposé à exécuter les plans ministériels ; mais, connaissant les difficultés de l'opération, il demanda des renforts en hommes et en matériel. Le gouvernement lui répondit qu'il eût à agir avec ses propres ressources, sinon qu'un autre général ferait la campagne.

Ce général était désigné, c'était le général Damrémont ; mais on ne disait pas au maréchal qu'on réunissait à Toulon, pour son successeur hypothétique, les renforts qu'on lui refusait à lui-même. Le maréchal, placé dans une si pénible alternative, n'écouta que la voix de l'honneur et accepta la mission dont il ne se dissimulait ni les difficultés ni la responsabilité.

Le maréchal Clauzel a payé de sa réputation militaire, de son repos, de sa vie même, l'honneur d'être un des chefs de l'opposition à la Chambre. Son histoire mérite d'être méditée par toute l'armée, et cependant cette leçon n'a pas empêché d'autres généraux de courir les mêmes hasards et d'en subir des conséquences à peu près semblables. Ils ont oublié que les soldats ne doivent être que du parti du devoir et de la discipline, et demeurer étrangers aux arguties de la tribune et aux disputes des coteries. Cet oubli leur a coûté trop cher pour que nous puissions faire autre chose que les plaindre.

La colonne expéditionnaire se mit en marche, forte à peu près de sept mille hommes, parmi lesquels un bataillon du 2ᵉ léger, commandé par Changarnier, qui devait jouer un

rôle providentiel dans cette campagne. A sa tête étaient le
maréchal Clauzel et le duc de Nemours, qui avait obtenu de
son père la permission de venir se faire connaître de l'armée,
en partageant ses fatigues et ses dangers à Constantine,
comme son frère d'Orléans les avait partagés à Mascara.

Le premier abord du duc de Nemours était moins sympa-
thique que celui du duc d'Orléans ; mais il était doué d'excel-
lentes qualités qu'on appréciait bientôt. Pendant cette première expédition de Constantine et la seconde, il fit preuve
de beaucoup de bravoure au feu et d'une grande fermeté
dans les misères sans nombre dont elles furent marquées ;
et les larmes qui coulèrent de ses yeux, à la vue de nos souffrances, témoignèrent d'une sensibilité que son abord froid
et sévère ne laissait pas deviner.

Nos traverses commencèrent presque au sortir de Bône.
Il pleuvait, et la terre était si détrempée, qu'en quittant le
camp de Dréan, on fut obligé d'y abandonner des prolonges
et avec elles une partie du matériel de siège. Quatre jours
après, pour faire franchir le col de Mouelfa à l'artillerie, on
dut atteler jusqu'à vingt chevaux aux pièces de campagne, et
pour passer le Raz-el-Akbah, on dut s'ouvrir un chemin à la
pioche. Au bivouac de Sidi-Tamtam, la nuit fut si affreuse,
que trente mulets, de ceux qui portaient les munitions,
désertèrent le camp avec leurs conducteurs arabes. En arrivant à Soumah, un rayon de soleil brilla un instant et montra
à la colonne le haut quartier de Constantine. Avec ce rayon
de soleil, un rayon d'espoir s'était glissé dans notre cœur ;
mais l'un et l'autre s'effacèrent bientôt.

Le soir même, la pluie reprit avec plus de force. Elle
était mêlée de neige qu'un vent furieux poussait contre ce
malheureux bivouac, où les soldats passèrent la nuit debout
et serrés les uns contre les autres ; car, depuis trois jours,
on n'avait plus de bois, et ce plateau n'offrait pas un abri,
pas une herbe pour faire du feu. Plus de nourriture, conséquemment, autre que le biscuit qu'on avait dans le sac et qui
diminuait sensiblement. Quelques malheureux se couchaient
dans la boue, mais plusieurs pour ne plus se relever. Au
jour, on les trouva morts et glacés. Les chevaux, épuisés et
affamés, mouraient après s'être entre-dévoré la crinière et la
queue, et avoir rongé le bois des prolonges auxquelles ils

étaient attachés. Non, rien ne peut donner une idée exacte
d'une si lamentable situation.

Le lendemain, on passe le Bou-Merzoug, cours d'eau insignifiant en temps ordinaire, et roulant, ce jour-là, des flots
impétueux contre les roches aiguës qui le bordent. Une
douzaine de cavaliers, cherchant à le traverser, sont entraînés
par le courant, et par une sorte de miracle tous parviennent
à se sauver ; seuls les chevaux sont noyés.

Enfin on découvre un gué ; des soldats du génie, avec un
dévouement et un courage admirables, traversent le torrent,
établissent un câble d'une rive à l'autre, se suspendent aux
deux extrémités, formant un treuil humain ; puis d'autres
groupes se forment en amont pour rompre le courant. Enfin
nous passons tous, homme à homme, nous tenant au câble
et ayant de l'eau jusqu'aux aisselles.

Une partie de l'armée, avec l'état-major général, s'établit
sur le Mansourah, d'où l'on domine à pic la ville, qui en
est séparée par le profond escarpement du Rumel. L'autre
portion de l'armée avait été dirigée sur le Coudiat-Aty, sous
les ordres du général de Rigny. Le Coudiat-Aty était, à cette
époque, un vaste mamelon au sud et à très petite distance
de la ville, servant de cimetière. Les Arabes nous y attendaient
en grand nombre, embusqués derrière les petits monuments
funéraires et les dalles des tombes qui couvraient ce mamelon.
Mais, vigoureusement attaqués par le bataillon d'infanterie
légère d'Afrique, ayant en tête son capitaine Blangini, ils
en furent balayés en un clin d'œil, et la brigade bivouaqua
au milieu des tombes.

L'artillerie et le train étaient restés en arrière, au marabout de Sidi-Mabrouk, sous la garde du 62e. De tous les corps
de l'armée, c'est celui qui eut le plus à souffrir. Pendant
trois jours et trois nuits, ce malheureux régiment eut à
endurer tout ce que le froid et la faim ont de plus rigoureux :
c'était à lui qu'était échue la rude tâche d'arracher le matériel
de ce lac de boue épaisse et tenace dans lequel il était enfoui,
en même temps qu'il avait à repousser les attaques continuelles de la cavalerie ennemie. Jusqu'à la veille de la retraite,
il fit ce terrible métier avec une constance qu'on ne saurait
trop admirer. En cinquante heures, le 62e avait perdu huit
officiers et cent seize soldats, morts de froid.

Les actes d'éclatante bravoure et d'absolu dévouement furent nombreux dans cette triste campagne. En voici un d'un simple soldat :

Le maréchal avait résolu de tenter d'enlever la ville par une double attaque de nuit, partant l'une du Mansourah, l'autre du Coudiat-Aty. Il fallait en faire parvenir l'ordre au général de Rigny, qui, comme on sait, commandait sur ce point, et pour cela traverser le Rumel furieux, sous la mousqueterie de la ville.

Cette mission fut confiée à des cavaliers qui se jetèrent hardiment à l'eau ; mais aussitôt le torrent les roula, eux et leurs chevaux, pêle-mêle avec les blocs de rochers qu'entrainaient ses flots tumultueux.

Le maréchal désespérait de pouvoir communiquer avec son lieutenant, lorsqu'un carabinier du 2e léger, nommé Mouramble, sort des rangs et s'offre pour porter le message. Il se déshabille, on lui suspend au cou une bouteille dans laquelle on a renfermé la précieuse dépêche, et il se met à la nage.

La lutte fut longue et pénible ; tous les cœurs battaient, tous les yeux étaient fixés sur cet intrépide soldat, et, au milieu d'un silence plein d'angoisse, on entendait le maréchal regretter d'avoir ainsi sacrifié cet homme. Cependant, après des efforts inouïs, le nageur réussit à rompre le courant ; il approche de la rive opposée. Enfin il l'atteint, au grand soulagement de toutes les poitrines.

Mais, à l'instant où il surgit de l'eau, une vive fusillade part des murs de la ville et une grêle de balles tombe autour de lui. A ce nouveau danger, le carabinier prend sa course vers le Coudiat-Aty, où il arrive sain et sauf. Le général de Rigny reçut la dépêche, et un officier de son état-major jeta son manteau sur le messager. Le brave Mouramble reçut la croix qu'il avait si bien gagnée.

La double attaque eut lieu, conformément aux ordres du maréchal. Comment parlerai-je de cette funeste nuit du 23 au 24 novembre, dont les écrivains officiels ont caché les péripéties et les fautes surtout ? Du côté du Mansourah, on descend en silence ; on encombre le pont étroit qui franchit le Rumel et conduit à la porte d'El-Cantara. Des échelles sont appliquées au mur d'enceinte, et les Arabes ne bougent pas. Le génie monte, ses officiers en tête, avec une rare intrépidité... : les échelles, construites par le génie, sont trop courtes ! Dès lors, chuchotements, hésitations ; tout à coup, les angles et la face de la porte s'illuminent ; une fusillade, vive et serrée, éclate sur le mur ; les hommes atteints roulent sur leurs camarades, quelques-uns sont précipités dans le ravin ; les échelles se rompent, la confusion se met dans cet espace étroit où nous sommes entassés ; il fallait battre en retraite. Ce mouvement s'opère immédiatement, et on constate une grande perte en soldats et en officiers. Parmi ceux-ci se trouvaient le commandant Richepanse et le capitaine Grand, du génie. Le général Trézel avait une balle au cou.

Notre attaque était donc manquée à la porte d'El-Cantara. Étions-nous plus heureux dans celle de la porte de Coudiat-Aty ?

Une colonne, ayant le bataillon d'infanterie légère en tête, descend de ses positions et s'élance vers la porte, où elle arrive, se serrant aussitôt dans l'espèce de carrefour que forment, à droite et à gauche, les remparts.

Mais alors, nouvel embarras ! Comment forcer cette lourde porte en chêne, couverte de lames de fer ? on y est, on la touche, mais ce n'est pas avec les mains qu'on peut la renverser. Les haches ! les sacs à poudre ! demande-t-on d'abord à voix basse, puis à grands cris. Hélas ! le détachement du génie, qui marchait en tête de la colonne, n'avait reçu ni haches ni sacs à poudre. Pendant ce temps-là, les Arabes faisaient un feu des plus vifs, et les balles arrivaient de tous côtés sur cette masse serrée dans un si petit espace. On ne pouvait rester plus longtemps dans une pareille situation ; force fut donc de regagner le Coudiat-Aty, en emportant les morts et les blessés. Cet échec complétait celui du pont, et ils étaient dus, l'un et l'autre, au colonel Mercier, commandant le génie, qui n'avait pas donné des instructions suffisantes à ses braves officiers. Le maréchal donna l'ordre de la retraite sur Bône, et le fit transmettre au général de Rigny. Ce fut donc le 24 novembre au matin que commença cette retraite devenue célèbre.

Le mouvement s'exécuta simultanément par les deux colonnes. Celle du Coudiat-Aty passa le Rumel aux aqueducs romains, et le Bou-Merzoug près du point où elle l'avait

traversé en marchant sur Constantine. Notre division et le
quartier général quittèrent le Mansourah, amenant les malades
et les blessés sur des prolonges, auxquelles on avait attelé
tous les chevaux qui pouvaient encore marcher. Le 2ᵉ léger
restait en colonne sur le plateau.

D'après l'ordre de marche, le bataillon Changarnier devait
faire l'arrière-garde de la colonne du Mansourah jusqu'à la

Constantine.

jonction de cette colonne avec celle du Coudiat-Aty, au passage du Bou-Merzoug. Là, le 63ᵉ, — brigade de Rigny, —
devait prendre notre place, et nous, aller à notre rang dans la
première division. Il n'en fut pas ainsi : le 63ᵉ ne s'arrêta
pas où il devait nous attendre, et le 2ᵉ léger continua à
couvrir la retraite.

Arrivés au-dessus de Sidi-Mabrouk, un spectacle affreux
s'offrit à nos yeux. Une nuée d'Arabes s'étaient abattus sur
les prolonges de blessés que les infirmiers et le train s'ef-
forçaient d'arracher de la boue. Tout le monde marchait le

plus vite possible sous prétexte de serrer la colonne; les bataillons passaient à côté des prolonges sans s'y arrêter; chacun semblait dire : Ce n'est pas mon affaire ! de sorte que les Arabes avaient trouvé l'ambulance sans gardes, sans défenseurs.

C'est une chose horrible que le souvenir de ces centaines de monstres, fauchant les têtes de nos malades, de nos

La retraite de Constantine.

blessés ! Ils étaient tout entiers à leur hideux triomphe, lorsque apparut le bataillon Changarnier. En un clin d'œil, il fut sur ce champ de carnage et se précipita à la baïonnette sur les égorgeurs.

C'était une grande pitié que d'entendre nos malheureux camarades appeler au secours et nous tendre leurs mains suppliantes, en criant : *A nous, le 2e léger !* Oh ! le 2e léger ne fut pas sourd à leur appel. En un instant, le terrain fut déblayé, les Arabes repoussés, et tout ce qui survivait acheminé vers le Bou-Merzouk. Deux escadrons de chasseurs, survenant alors, accompagnèrent le triste convoi jusqu'au delà du torrent.

La mission de couvrir la retraite restait donc à la charge du bataillon du 2e léger, qui ne comptait plus que deux cent quarante baïonnettes, disparaissant au milieu des masses d'Arabes, dont le cercle allait se rétrécissant, de manière à l'étouffer dans une seule étreinte. Mais ces deux cent quarante soldats étaient commandés par des officiers à la hauteur de leur position, et ayant eux-mêmes pour chef un homme qui les surpassait tous en énergie.

Voyant que ses tirailleurs étaient inutiles, Changarnier les fit rentrer dans la colonne et continua sa marche en retraite. Alors les Arabes, comme s'ils n'eussent attendu que ce moment, s'élancèrent en masse sur le bataillon. Au même instant, les commandements de : « Bataillon, halte ! Formez le carré ! » se font entendre, suivis de celui : « Commencez le feu ! » Aussitôt la fusillade éclate sur trois faces du carré ; les cris cessent, les Arabes s'arrêtent, puis roulent de côté et d'autre et s'enfuient, bride abattue, en laissant les faces du carré jonchées de cadavres d'hommes et de chevaux. Le 2e léger avait peu d'hommes hors de combat ; mais il avait perdu un de ses officiers, le capitaine Fatret, tué d'une balle à la tête.

Le bataillon reforma sa colonne et reprit sa marche. « Mes amis, nous disait notre commandant, nous ne sommes que deux cent quarante, et ils sont de huit à dix mille ; eh bien ! ils ne sont pas encore assez nombreux pour nous. » Les soldats, en voyant cette noble assurance de leur chef, relevaient la tête, serraient la crosse de leur fusil, et oubliaient que depuis trois jours ils n'avaient pour toute nourriture qu'un peu d'orge crue.

Le bivouac était déjà établi au Summah lorsque le bruit de ce magnifique combat y arriva. Le maréchal, après avoir vu avec douleur la division de Rigny arriver dans une sorte de débandade, était consolé par la pensée qu'il s'était trouvé un officier à la hauteur des événements. Lorsque Changarnier arriva avec son bataillon, tout le monde courut au-devant de lui ; le maréchal et le prince l'embrassèrent, en l'appelant colonel.

Il est certain que la division de Rigny avait été frappée de panique. Le maréchal, irrité, voulut en connaître la cause, et on lui rapporta que le général, s'exagérant les dangers de la colonne qu'il commandait, avait donné une fausse alerte à ses troupes, crié : « Sauve qui peut! » et tenu des propos coupables contre le chef de l'armée.

Le premier mouvement de celui-ci fut de lui ôter le commandement de sa division; puis, la nuit même, il fulmina l'ordre du jour suivant :

« Honneur soit rendu à votre courage, soldats !

« Vous avez supporté avec une admirable constance les souffrances les plus cruelles de la guerre. Un seul a montré de la faiblesse, mais on a eu le bon esprit de faire justice des propos imprudents ou coupables qui n'auraient jamais dû sortir de sa bouche. Soldats! dans quelque situation que nous nous trouvions ensemble, je vous en tirerai toujours avec honneur, recevez-en l'assurance de votre général en chef.

« Soldats ! souvenez-vous que vous avez la gloire de votre pays, votre belle réputation et un fils de France à défendre.

« Maréchal CLAUZEL. »

Le général de Rigny fut traduit devant un conseil de guerre qui l'acquitta, grâce à la déposition bienveillante du lieutenant-colonel Changarnier, nommé à ce grade dans son même régiment. L'acquittement du général de Rigny était prévu; il était le frère du ministre de la marine d'alors, et les ennemis du maréchal tenaient le bouc émissaire qui devait expier leurs propres fautes.

La première expédition de Constantine nous coûta quatre cent cinquante-quatre hommes, dont cent soixante-quatre morts à la suite de leurs blessures ou enlevés par le froid, la faim et les fatigues, deux cent soixante-seize tués, soixante-quatorze égarés. Il y avait, en outre, deux cent quatre-vingt-dix-huit blessés. En tout, le vingtième du corps expéditionnaire.

La grande victime fut le maréchal Clauzel. L'opinion publique n'avait pas ratifié l'acquittement du général de Rigny; raison de plus pour perdre son accusateur, qui était en même temps chef d'un groupe d'opposition parlementaire. Clauzel fut révoqué de son gouvernement et remplacé, le 12 février 1837, par le lieutenant général Damrémont, que la main de Dieu poussait vers Constantine, où il devait trouver la mort.

Aigri par tant d'injustices, le maréchal répondit à sa révocation par une protestation publique qui produisit dans la France entière une profonde sensation. Je l'ai sous les yeux, et, ne pouvant la reproduire *in extenso*, je veux au moins redire la phrase qui la termine :

« J'avais encore mon épée, on me l'a ôtée, autant du moins qu'on pouvait me l'ôter. On a laissé une carrière de victoires trébucher sur un revers, sans vouloir lui laisser prendre un dernier laurier. On a pensé sans doute que j'étais assez tombé pour ne plus me relever. Non ! non ! je me relève, moi ; je me relève, moi, pour rentrer la tête haute dans mes foyers ! Je me relève, et, sur le seuil de cette maison paternelle où je retourne, je poserai, entre la calomnie et moi, ma vieille épée de combat.

« Regardez-la bien : elle n'a ni or ni diamants à sa monture ; elle n'a que du sang sur la lame : c'est le sang des ennemis de la France.

« Maréchal CLAUZEL. »

DEUXIÈME EXPÉDITION DE CONSTANTINE. — ASSAUT

Les troupes de la première expédition ayant rejoint leurs postes respectifs, le général Damrémont allait donc accomplir la mission à laquelle le gouvernement le destinait depuis un an, et qu'il ambitionnait lui-même avec cette ténacité que mettent les hommes à courir au-devant de leur destin.

La réunion du corps expéditionnaire se fit à Mjez-Amar, au confluent de la Seybouse et de l'Oued-Cheerf, au pied du Raz-el-Akba, à trois journées de Bône et à peu de distance de Ghelma. Le 2e léger y était représenté par un de ses bataillons, commandé par M. le Blanc de Sérigny et formant, avec un bataillon de zouaves, un régiment sous les ordres de Lamoricière, lieutenant-colonel de ce dernier corps. Notre général de division était le duc de Nemours, accouru pour venger l'échec de l'année précédente.

Un matériel de siège, arrivant en même temps que les troupes, annonçait que la leçon de 1836 n'était pas perdue et que Constantine devait succomber.

Le régiment de marche, comme on nous appelait, bivouaquait comme en grand'garde sur le delta formé par le confluent des deux rivières et dominant le camp. C'est là que, le

12 septembre au matin, Achmet, bey de Constantine, vint nous attaquer, à la tête de ses goums et de ses réguliers. Il fut si bien reçu, qu'il remonta le Raz-el-Akba, après une conversation d'une heure qui lui coûta une centaine d'hommes, et qu'il s'en fut à Constantine se préparer à la visite que nous allions lui rendre.

En effet, le 1er octobre 1837, l'armée s'ébranla, forte de seize mille hommes, dont cinq mille cavaliers, et de soixante pièces d'artillerie, y compris le parc de siège. Elle laissait

Canonnier turc.

à Mjez-Amar un fort détachement, commandé par un chef de bataillon des zouaves, M. Vanier. Cinq jours après, nous arrivions au Soumah. Le lendemain, l'ennemi se montra pour la première fois. Chargé vivement par nos chasseurs, il disparut bientôt à nos yeux. Pendant la nuit, le temps se mit à la pluie. Allions-nous recommencer comme en 1836 ?

Le lendemain, l'état-major général et la 1re brigade occupèrent, sur le Mansourah, les mêmes positions que l'année précédente. Vers deux heures, nous prîmes les armes, nous dirigeant vers la porte d'El-Cantara. Aussitôt de toute la ville s'élevèrent de grandes clameurs, la fusillade crépita sur toutes les murailles ; l'artillerie, nombreuse et bien servie, mêla sa grosse voix à ce bruit, les défenseurs se portèrent en masse sur le point menacé.

C'est ce que voulait le général en chef, car notre mouvement n'était qu'une fausse attaque pour faciliter à la brigade Rhulière le passage du Rumel, qui devait s'effectuer sous le feu de la place, et son établissement sur le Coudiat-Aty.

Tout le monde étant à son poste, un ordre du jour nous informa que le duc de Nemours prenait le commandement du siège, dont les travaux commencèrent immédiatement, malgré la pluie qui ne cessait de tomber, mêlée de neige et de grêle. Plusieurs batteries furent établies sur le Mansourah et le Coudiat-Aty. Au bout de quelques heures, celles du Mansourah avaient éteint le feu de la batterie arabe de la porte d'El-Cantara.

Le 7, les assiégés firent une sortie et une attaque extérieure. La sortie fut repoussée par la légion étrangère, commandant Bedeau ; l'attaque, exécutée par la cavalerie, se brisa contre le 47ᵉ et les chasseurs.

Le 9, pendant qu'on terminait les coffres des batteries, travail difficile sur un terrain détrempé par la pluie, nouvelle sortie des assiégés, dans laquelle fut blessé le capitaine d'état-major de Mac-Mahon, notre illustre maréchal d'aujourd'hui.

Le 10 au soir, le régiment de marche quitta le Mansourah et traversa le Rumel, pour aller au Coudiat-Aty concourir à l'établissement de la batterie de brèche. L'emplacement de cette batterie avait été fixé à cinquante-cinq mètres des remparts, tout près de la porte du Coudiat-Aty. C'était un point judicieusement choisi, marqué par un marabout pouvant servir d'épaulement, et auquel on accédait par un sentier encaissé et défilé des feux de la ville. La nature, qui avait tant fait pour les assiégés, laissait pourtant une chance aux assiégeants. L'on se mit à l'œuvre, et voici en quoi elle consistait : nos faisceaux étaient formés le long du sentier, leur droite un peu au delà du Bardo, caravansérail d'où partait le sentier, du côté du Rumel. A ce point, une compagnie du génie, munie de pioches et de pelles, remplissait des sacs à terre que nous prenions sur nos épaules, et que nous portions à l'autre bout du sentier. Là, nous trouvions d'autres sapeurs qui nous les prenaient, et les plaçaient sur une ligne partant du marabout pour aboutir à la tête du sentier. Ce travail se faisait dans le plus grand silence, et le général Trézel veillait à ce qu'il n'y eût pas de confusion dans le double trajet que nous faisions, chargés en allant, à vide en revenant.

Malgré ces précautions, nous fûmes découverts par les assiégés; quelques cris partirent de différents points de la ville, immédiatement suivis d'un feu terrible de mousqueterie et de canons tirant à mitraille et à boulets. Les travaux cessèrent, puis ils reprirent après une demi-heure de cet ouragan de fer, mais avec plus de précautions; c'est-à-dire que sur certains points nous marchions à quatre pattes, avec notre sac à terre sur le dos. Une sortie, faite à minuit, fut repoussée à la baïonnette par la garde de tranchée, — quatre compagnies d'élite du 47e, commandant Leclerc.

Le 11, à six heures du matin, les parapets furent terminés, et les habitants de Constantine purent voir, à leur réveil, le magnifique ouvrage que nous avions fait en une nuit.

Dans la nuit du 11 au 12, la batterie de brèche fut armée de trois pièces de 24 et d'une de 16, et elle commença son feu dès le matin.

Ce même jour, vers neuf heures, notre digne général en chef fut emporté par un boulet. Il s'était rendu sur le Coudiat-Aty, en compagnie du prince et de son état-major, pour juger de l'état de la brèche qui était indiquée; et, pour s'en rendre bien compte, il se porta, entre deux batteries, sur un petit col où se croisaient les boulets de la place qui manquaient leur but. C'est là qu'un de ces boulets l'atteignit en pleine poitrine, et lui enleva tout le côté du cœur. Le général Perrégaux, son chef d'état-major, se précipita à son secours, et reçut au front, entre les deux yeux, une balle dont il mourut quelque temps après, à bord d'un vapeur qui le portait de Bône à A'ger. Battu par une affreuse tempête, ce navire dut chercher un refuge en Sardaigne, à Cagliari, où le général fut enterré avec les honneurs militaires, rendus par les troupes sardes et les marins français.

En rentrant au bivouac, un ordre du jour nous apprit que le général Vallée prenait le gouvernement général de l'Algérie, et que l'assaut aurait lieu le lendemain. Nous nous y préparâmes en mettant nos armes en état, et beaucoup auraient voulu pouvoir y mettre leur conscience; mais, hélas! il n'y avait pas d'aumônier dans l'armée. Plusieurs firent leur testament; de ce nombre fut notre brave et bon commandant, M. le Blanc de Sérigny.

Le 13, entre quatre et cinq heures du matin, un mou-

vement se fit dans le bivouac, un mot circula à voix basse,
et nous descendîmes dans la batterie de brèche, où se trouvaient déjà le général en chef et le duc de Nemours. Bientôt,
toute la première colonne d'assaut se trouva massée dans la
place d'armes. Elle se composait d'un détachement du génie,
de trois cents zouaves et des deux compagnies d'élite du
2e léger. La deuxième colonne était dans le chemin couvert.
Les carabiniers, dont j'étais fourrier, devaient, la brèche

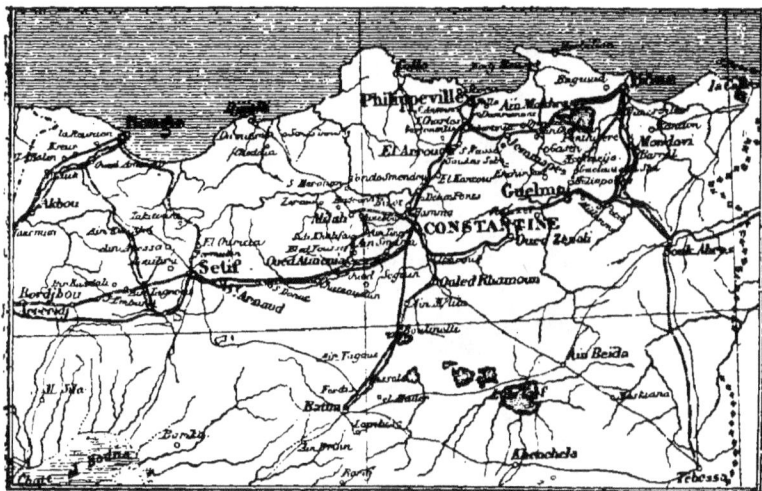

Province de Constantine.

franchie, tourner à gauche et se jeter dans une batterie casematée qu'on n'avait jamais pu démonter ; les zouaves pousser
droit devant eux, et les voltigeurs se porter à droite et s'emparer d'un grand bâtiment percé de nombreuses fenêtres
toujours garnies de tirailleurs, et que nous appelions la caserne
des janissaires.

A sept heures, le duc de Nemours, se tournant vers nous,
commande : « En avant ! » Le parapet de la batterie est aussitôt franchi, et nous nous élançons au pas de course vers la
brèche. La distance qui nous en séparait n'étant que de cinquante-cinq mètres, la batterie casematée qui nous prenait
en écharpe ne put nous envoyer qu'une volée de mitraille
mal dirigée, parce que les artilleurs n'avaient pas pu rectifier
leur tir.

Arrivé sur la brèche, le colonel Lamoricière prit un drapeau

que portait le capitaine de Garderens, et le planta au cri
de : *Vive le roi !* Puis, chaque fraction de la colonne chercha
la voie qui lui était assignée dans ce fouillis inextricable de
ruelles, d'impasses et de décombres qui arrêtèrent quelque

Abd-el-Kader.

temps notre marche en avant, en nous tenant massés dans
un carrefour, sous le feu de l'ennemi, qui nous fusillait du
haut des maisons. Pendant que nous cherchions des issues,
un grand mur s'abattit tout d'une pièce, ensevelissant notre

commandant, M. le Blanc de Sérigny, et trente carabiniers qui le suivaient.

Le reste de la compagnie, suivi de quelques zouaves, avait fini par arriver à la batterie casematée, dont les canonniers s'étaient fait tuer sur leurs pièces. De là, enfilant une rue quelconque, nous étions chargés par une forte troupe arabe et forcés de nous barricader avec des décombres que nous avions sous la main. Un capitaine du génie qui nous conduisait, M. Haquet, recevait là une balle à la gorge et tombait sans vie à nos pieds.

Nous nous demandions avec inquiétude si nos camarades arriveraient assez à temps pour nous tirer de là, lorsque tout à coup la terre tremble et se soulève ; les maisons chancellent ; une explosion épouvantable a lieu ; le ciel est obscurci, et nous recevons une pluie de pierres, de tuiles, de morceaux de bois. La fusillade avait cessé sous l'impression de ce cataclysme inconnu ; mais bientôt elle reprit avec force. Notre petite troupe s'affaiblissait à chaque nouvelle poussée des Arabes ; le moment était solennel, quand soudain nous entendons battre la charge et nous voyons les Arabes se retirer en toute hâte. C'étaient les compagnies d'élite du 47e, que le colonel Combes venait de lancer au secours de la première colonne. Cette heureuse intervention nous délivra, et nous apprimes alors ce qui s'était passé au centre de l'assaut.

Après avoir longtemps cherché un débouché, le colonel Lamoricière avait lancé ses soldats sur les toits. Il avait appliqué des échelles contre les maisons et y était monté le premier. Les hommes découvrirent une rue relativement assez large et bordée de chaque côté de petites boutiques comme on en voit dans certains quartiers d'Alger. En un clin d'œil ils l'eurent envahie ; mais ils se trouvèrent presque aussitôt arrêtés par une grande porte blindée de fer, pratiquée dans une seule arche allant d'un côté de la rue à l'autre. Pendant les tentatives faites pour l'ouvrir, il y eut plusieurs blessés et tués ; parmi ces derniers, les capitaines Leblanc, du génie, et Démoyen, des zouaves. Nos tirailleurs, grimpés sur les toits, prirent pour but les Arabes de cette rue, et les battants de la lourde porte furent enfin ouverts par le capitaine Tixador. Le torrent des zouaves se précipita alors sur les défenseurs, qui battirent en retraite.

A cet instant, tous ceux qui étaient sur la brèche ou alentour se sentirent soulevés de terre et violemment frappés sur tout leur corps ; le sol s'entr'ouvrit sous leurs pieds, donnant passage à des volcans qui les engloutissaient ; les maisons voisines s'écroulèrent sur leur tête ; une détonation terrible se fit entendre ; un nuage de pierres, de bois, de débris humains fut lancé dans les airs, qu'il obscurcit pendant plusieurs minutes. Un long cri d'agonie sortit de la poitrine de centaines de malheureux enterrés vivants. Le feu avait pris aux sacs à poudre que portaient les sapeurs, aux cartouchières qui ceignaient les flancs des soldats. Ces malheureux n'offraient que le spectacle de cadavres calcinés. Trois heures après, on voyait encore leurs entrailles brûler ; une fumée âcre et épaisse, une odeur infecte et nauséabonde s'exhalaient de ce lieu de désolation. Parmi les officiers, le colonel Lamoricière, le capitaine Richepanse, frère de celui qui avait été tué en 1836 à El-Cantara, notre capitaine Leflo, M. Repons, des zouaves, et vingt autres furent retirés des décombres dans un état pitoyable, noirs, brûlés de la tête aux pieds et couverts de contusions.

On a fait plusieurs versions sur cette explosion. La plus probable, c'est que les Arabes avaient sous la brèche un dépôt de poudre, et que le feu y prit plutôt par hasard que par un dessein prémédité. C'est après ce terrible accident que le duc de Nemours fit marcher le colonel Combes avec la deuxième colonne, dont l'intervention décida la victoire en notre faveur ; car, après une heure de combats partiels dans les rues et dans les maisons, la *Djemneah* vint, drapeau blanc en tête, implorer l'*aman,* qui lui fut accordé. Tous les points stratégiques furent occupés, et le duc de Nemours, avec le général en chef, s'établirent au palais du bey, où était encore son harem. Trois jours après, on donna la clef des champs à la centaine de femmes et d'enfants dont il se composait, et Constantine, reprenant sa physionomie habituelle, devenait ce qu'elle n'a pas cessé d'être depuis lors, un des trois fleurons de notre belle colonie.

J'ai dit la part glorieuse que le colonel Combes avait prise à l'assaut de Constantine ; je dois ajouter qu'il paya de sa vie l'honneur qu'il s'y était fait. Atteint de deux balles en pleine poitrine, au moment où il lançait ses grenadiers dans

les rues, il resta cependant ferme à sa place. Puis, quand il
vit que tout obstacle était surmonté, il se retira à pas lents,
descendit le talus de la brèche, s'appuyant sur deux de ses
sapeurs, et arriva à la batterie où se tenaient le prince et le
général Vallée. Il rendit compte du succès avec calme et
modestie, et ayant ajouté quelques mots bien simples mar-
quant qu'il était blessé mortellement, il se retira pour aller
mourir sous sa tente, au milieu du respect, de l'affection et
des regrets de l'armée entière.

Près de lui fut blessé un jeune capitaine dont le nom est
devenu l'un des plus chers à l'armée et à la France. M. Canrobert teignit, ce jour-là, de son sang l'un des échelons qui
devaient le conduire à la dignité de maréchal.

Le même soir mourut le général Riquet de Caraman, commandant le génie du siège. Il avait succombé aux fatigues et
aux intempéries du siège, auxquelles il s'exposait avec un
zèle et un dévouement au-dessus de ses forces.

Le général de Caraman fut inhumé avec le colonel Combes,
notre commandant de Sérigny, un lieutenant-colonel et un
chef de bataillon de je ne sais quel corps. Leur tombe regarde
la brèche qu'ils avaient si glorieusement conquise.

Trois jours après la prise de la ville, le prince de Joinville
arriva avec le 61e de ligne qui escortait un convoi. Le jeune
capitaine de frégate avait espéré arriver assez tôt pour partager les fatigues et les dangers de son frère. Trompé dans
son attente par la rapidité des événements, il s'en dédom-
magea, sept ans plus tard, à Tanger et à Mogador.

Pendant son court séjour à Constantine, il y eut une grande
revue. Les princes s'arrêtèrent devant les débris de ma compagnie, — trente-deux hommes. — « Voilà, dit le duc de
Nemours à son frère, ce qui reste de plus de cent grenadiers. »

Rentrés à Bône dans les premiers jours de novembre,
nous pûmes connaître l'état de nos pertes pendant la deuxième
expédition de Constantine. Elles étaient de trois généraux, —
dont le général en chef, — cinq officiers supérieurs, quatre-
vingt-onze officiers subalternes et huit cents sous-officiers et
soldats.

Après la prise de Constantine, tout était calme à l'est de
l'Algérie ; mais le centre et l'ouest étaient frémissants et
retentissaient du bruit des armes. Médéah, Milianah, Mas-

cara se remplissaient de Kabyles et d'aventuriers, qui étaient organisés en bataillons réguliers, armés de fusils anglais et exercés au maniement des armes ainsi qu'aux manœuvres de l'infanterie. Thaza, Tegdempt, Saïda, Daya, Boghar retentissaient du bruit des forges et des usines où se fabriquaient des armes et se fondaient des canons. Les meilleurs chevaux des tribus leur étaient enlevés pour monter les cavaliers rouges dont nous devions souvent éprouver le courage. Toutes les montagnes de la Kabylie fabriquaient de la poudre, et, comme si nous avions été aveuglés par la Providence, c'est nous qui fournissions à notre ennemi des architectes pour ses forteresses, des mécaniciens pour ses ateliers, des ouvriers d'art pour ses manufactures, des instructeurs pour ses troupes. Tout lui était soumis, de la frontière du Maroc à celle de la province de Constantine, et la chute du bey de cette ville, tombé en même temps que sa capitale, le combla de joie. Il s'empressa de l'annoncer à toutes les tribus de ce beylik, en les sommant de le reconnaître comme leur souverain.

ABD-EL-KADER

Abd-el-Kader, fils d'un marabout des Hachim, marabout lui-même par suite de son pèlerinage à la Mecque, qui lui permettait d'ajouter le qualificatif de El-Hadj à son nom, Abd-el-Kader était sans contredit l'homme le plus remarquable parmi ses coreligionnaires. Il était le meilleur cavalier, le guerrier le plus habile, comme le plus savant docteur et le plus fin diplomate ; mais, malgré ses qualités de guerrier et d'administrateur, il n'eût jamais pu soutenir la lutte dans laquelle il a balancé pendant dix-sept ans la fortune de la France, si nous n'avions travaillé de nos mains imprudentes à son exaltation ; si, par des traités tous à son avantage, — traité Desmichels, traité Bugeaud, — par la reconnaissance officielle de ses titres d'émir et de sultan, nous ne lui avions donné un moyen de former un seul faisceau de cette grande féodalité arabe, qui divisée faisait notre force, et réunie entre les [mains d'un ennemi très habile devait devenir un instrument redoutable contre nous. Jamais enfin il n'eût pu venir insulter les Français jusqu'aux portes d'Alger si, en l'aidant à organiser ses bataillons réguliers, nous ne l'avions mis en position de lancer contre nous ces tribus que nous devions protéger, et que nous n'étions même pas en état de défendre.

Les faits survenus en Syrie, après son internement dans ce pays, ont présenté Abd-el-Kader sous une nouvelle face ; les services qu'il a rendus en cette circonstance à l'humanité lui ont valu les éloges de l'Europe entière. L'empereur Napoléon lui conféra la plus grande dignité dans la Légion d'honneur. Je n'ai pas à juger Napoléon ; mais qu'on permette à un homme qui, pendant quinze ans, a couru à la poursuite d'Abd-el-Kader de se demander si ce n'était pas là une nouvelle métamorphose de ce Protée ; si l'esprit sagace qui avait si bien joué deux de nos généraux et le gouvernement français n'avait pas moins cédé à un sentiment d'humanité qu'à cette conviction que le triomphe des assassins de Damas ne pouvait être que momentané ; et que se compromettre en cette échauffourée, c'était perdre la pension princière que nous lui servions. Peut-être ai-je tort ; mais les vieux soldats sont méfiants, et j'ai toujours en quelque sorte sous les yeux les deux cents prisonniers français dont il autorisa l'égorgement pour ne pas avoir à les nourrir.

LES BIBANS

En 1839, Abd-el-Kader était prêt pour la guerre ; il ne lui fallait plus qu'un motif pour la faire. A défaut d'un motif, nous lui fournîmes un prétexte par l'expédition des Bibans. Cette expédition, toute pacifique dans la pensée du gouverneur général, consistait à reconnaître une route pouvant relier les provinces d'Alger et de Constantine sans faire le grand détour par Médéah. Cette route existait ; on savait son passage à travers la petite Kabylie, à un point dit les Bibans ou Portes de fer ; il s'agissait de constater les difficultés plus ou moins grandes de ce passage. Le duc d'Orléans, venu de France pour s'associer à cette reconnaissance, prit le commandement des troupes qui la composaient et dont, seul de la division d'Alger, le 2ᵉ léger faisait partie, sous les ordres de Changarnier, nommé colonel la veille de notre embarquement pour Philippeville, dans les premiers jours d'octobre.

C'est de Philippeville que nous prîmes pédestrement notre route par Constantine, Milah, Djemilah et le point où est aujourd'hui Sétif, route paisible à travers un pays fertile et des tribus soumises, mais dont la pluie gâta malencontreusement la douceur. A partir du 26, nous quittâmes la plaine pour la montagne, et, le 28, l'armée s'engagea dans les fameuses Portes de fer.

Le spectacle était grandiose et terrifiant. Devant nous se dressaient deux immenses murailles de rochers taillés à pic. On cherchait vainement une issue, une échancrure, on ne voyait rien qu'une sorte d'embrasure par laquelle s'écoulait le torrent qui nous servait de chemin. C'était sublime, mais on avait le cœur serré, en songeant que la moindre résistance pouvait nous faire périr tous au fond de cet entonnoir.

Le maréchal et le prince sort en tête de la colonne; ils font déployer le drapeau du 2° léger; les tambours battent aux champs, et la musique fait retentir de ses sons guerriers les innombrables échos des Portes de fer. Trois autres murailles succèdent à la première, avant que le couloir de granit dans lequel nous sommes engagés s'élargisse assez pour donner passage à deux hommes de front. Un grand cri de : Vive le roi! s'élève de ces profondeurs vers le ciel, dont on ne voit au plus que deux mètres au-dessus de notre tête. Quelques hommes s'arrêtent pour graver leur nom sur le rocher avec la pointe de leur baïonnette; d'autres coupent des branches de palmier.

La colonne mit trois heures pour franchir ce redoutable défilé, puis elle déboucha dans une magnifique vallée, riche d'arbres fruitiers, de jardins et de nombreux villages. Notre joie était grande et mêlée d'une sorte d'enthousiasme qu'augmentait encore le sourire de bonheur du prince qui nous était si cher.

Ben-Salem, bey de Sébaou et kalifa de l'émir, trompé par le bruit adroitement répandu que nous marchions sur Zamora et Bougie, s'était porté avec tous ses contingents sur le chemin qu'il croyait nous voir prendre, et c'est pour cela que nous traversâmes si facilement les Bibans, tous ses défenseurs nous attendant sur un autre point.

Revenu de son erreur, Ben-Salem accourut, mais trop tard. Tout ce qu'il put faire fut de nous livrer deux combats où il fut battu par le duc d'Orléans, qui fit preuve d'habile tacticien.

Le 2 novembre, nous rentrions à Alger. La ville était en fête pour nous recevoir, et c'est au milieu d'une foule immense, faisant retentir l'air de ses acclamations, que nous nous rendîmes à nos quartiers. Deux jours après eut lieu une véritable fête de famille : de longues tables couvertes de victuailles étaient dressées sur l'esplanade Bab-el-Oued; c'était un banquet que le duc d'Orléans offrait à sa division. Tous les corps étaient mêlés et présentaient le tableau le plus piquant. Au dessert, après une salve d'artillerie, le maréchal porta la santé du roi, et le prince, s'élançant sur la table, fit entendre d'une voix vibrante et émue une de ces improvisations qui partaient de son cœur pour aller se graver dans celui de ses auditeurs. Le plus ancien capitaine de la division présentait à notre prince-général, au nom de l'armée, une palme coupée aux Bibans et montée en argent par un orfèvre d'Alger.

Quelques jours après le duc d'Orléans rentrait en France. A peine était-il de retour aux Tuileries, que la guerre sainte éclatait sur tous les points de l'Algérie.

LA GUERRE SAINTE

Au signal donné par Abd-el-Kader, le cri de guerre retentit dans les mosquées et les zaouias; il est colporté dans les tribus de la plaine et de la montagne, des frontières de Tunis à celles du Maroc. C'est la guerre sainte; la guerre à laquelle nul musulman ne peut refuser son sang et sa vie, car elle a pour objet l'extermination des ennemis du prophète.

En peu de jours, de toutes les villes arabes et de tous les douars, se précipitent sur nos possessions des hordes nombreuses, avides de carnage, portant partout le fer et le feu. Nos colons sont massacrés, nos fermes incendiées, nos postes attaqués, nos convois enlevés et leurs faibles escortes égorgées. Abd-el-Kader vient en vue d'Alger; ses cavaliers rouges abreuvent leurs chevaux aux fontaines d'Husein-Bey; la

terreur est universelle et à son comble. Alger est affolé ;
tandis que, par ses portes de l'intérieur, arrivent des masses
de colons et de troupeaux échappés aux massacres, son port
est envahi par les fuyards. Les navires, les balancelles, de
simples bateaux sont nolisés à quelque prix que ce soit par
les négociants cosmopolites, qui abandonnent volontiers leur
comptoir pour sauver leur vie pour laquelle ils tremblent.

Pour parer à ce désastre, le maréchal Vallée avait peu de
troupes, mais elles étaient solides, et leurs chefs étaient dignes

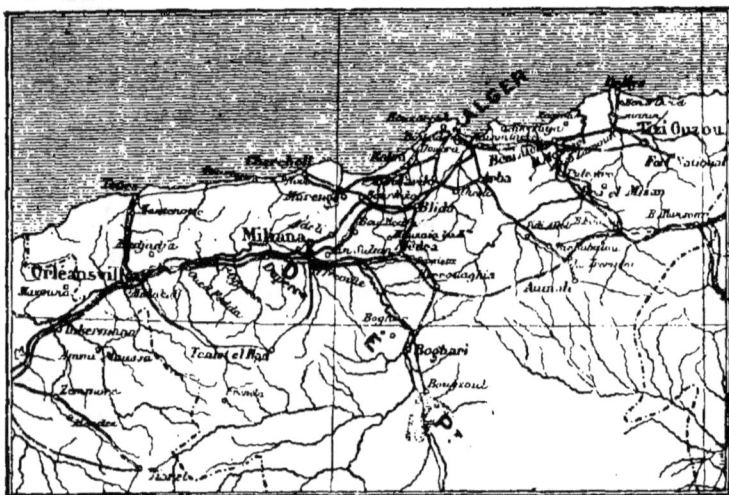

Province d'Alger.

d'elles. L'un de ceux-ci surtout, Changarnier, inspirait la
plus grande confiance au maréchal, qui lui donna la mission
de couvrir le Sahel avec son régiment, deux escadrons de
chasseurs et une section d'artillerie de campagne. Cette
colonne se portait rapidement sur tous les points menacés,
et sa seule présence faisait fuir des nuées d'Arabes.

Les mois de novembre et de décembre se passèrent en
courses continuelles, sans autre résultat que deux combats
pour donner de l'eau à Blidah et à son camp. Ils étaient
l'un et l'autre bloqués par deux bataillons de réguliers ayant
deux obusiers en position au-dessus de la ville, et par de
nombreux contingents kabyles. Les assiégés n'ayant, pour
s'abreuver, que l'eau de l'Oued-Kebir, qui coule à leurs
portes, les Arabes avaient détourné ce torrent, dont la pri-
vation était funeste à nos camarades. Deux fois, nous allâmes

rétablir le cours de l'Oued-Kebir, et chaque fois cette opération nous coûtait des morts et des blessés. Enfin, les vivres
venant à manquer, le maréchal résolut de jeter un grand
convoi dans la ville et le camp.

S'étant rendu lui-même à Bouffarick avec ce convoi et
trois régiments, dont un de chasseurs d'Afrique, nous partîmes
le 31 décembre, sans le convoi et en prenant par la plaine,
dans l'espoir de frapper un grand coup qui dégagerait les
abords de notre objectif. L'événement justifia les sages prévisions du maréchal.

A peine partis de notre bivouac, nous fûmes escortés par
deux ou trois mille cavaliers qui se fusillèrent avec les flan-
queurs de l'arrière-garde, — 17e léger, — par lesquels on
avait remplacé une ligne de chasseurs d'Afrique, primiti-
vement déployée suivant la sotte routine encore suivie alors.
Le régiment de chasseurs fut même envoyé à une certaine
distance sur la gauche, pour qu'il fût moins exposé dans cette
tiraillerie, chère aux Arabes, mais sans résultat.

Après avoir dépassé le camp abandonné d'Oued-Lalegh,
où le 24e avait éprouvé un échec quelques jours auparavant,
nous fîmes tête de colonne à gauche, droit sur Blidah. Au
même instant nous vîmes devant nous les trois bataillons de
réguliers formés en carré sur la rive gauche de l'ancien lit
de l'Oued-Kebir, drapeaux déployés, deux petits canons aux
angles ; c'était le ciel qui nous les livrait. Le maréchal, vieil
artilleur, veut les canonner ; Changarnier le supplie de n'en
rien faire, de peur qu'ils ne s'enfuient aux premiers coups de
canon, et il obtient la permission de les charger. Le 2e léger
est aussitôt formé en colonne par division, les deux compagnies de carabiniers en tête, baïonnette au canon, l'arme
sur l'épaule droite, et son colonel le conduit droit au carré.
Celui-ci nous attend de pied ferme et n'ouvre son feu que
lorsque déjà notre tête de colonne est sur la rive opposée
à la sienne. Alors la charge retentit, et nous prenons le pas
gymnastique ; le maréchal met lui-même l'épée à la main.
Bientôt la face du carré que nous abordons est enfoncée à
coups de baïonnettes, et le désordre est mis dans les rangs
des trois bataillons de l'émir.

Au même instant, le colonel le Pays-de-Bourjoli, du 1er de
chasseurs d'Afrique, instruit par la fusillade de ce qui se

passait en avant, fait prendre le galop à son régiment, et, tournant notre colonne ainsi que le carré des réguliers, il charge la face opposée à celle que nous avons abordée. Rien ne peut résister à ce terrible choc; tout fuit à la débandade, jetant armes, bagages et jusqu'aux souliers, pour ne s'arrêter qu'au delà de la chiffa. Ils laissaient quatre cents morts sur le terrain.

CAMPAGNE DE 1840. — MÉDÉAH

Notre victoire d'Oued-Lalegh avait détruit le prestige des bataillons réguliers, diminué celui d'Abd-el-Kader et relevé le courage de nos trembleurs. La situation n'en restait pas moins très critique, et les combats acharnés soutenus chaque jour autour de Blidah par le 2ᵉ léger et le 24ᵉ de ligne, tous les deux sous les ordres du général Duvivier, témoignaient de la persévérance de notre ennemi dans ses projets. Et, de fait, il pouvait croire à son étoile. Les Arabes le reconnaissaient pour leur sultan; il abondait en ressources d'hommes, de matériel et d'argent; ses kalifas soutenaient ardemment sa cause à l'est et à l'ouest, bien qu'ils fussent battus dans toutes leurs rencontres avec nos troupes. Au sud de Constantine, notre Cheik-el-Arab tombe, à Selson, sur Ben-Azoua, lieutenant de l'émir; il le bat, détruit son bataillon de réguliers et envoie au général Galbois cinq cents oreilles droites, comme témoignage de sa victoire.

A Oran, Yusuf infligeait un échec sensible à Bou-Hamedi qui, grâce à sa supériorité numérique, avait cru pouvoir venir facilement à bout, à Tem-Salmet, de deux escadrons de spahis et de quatre compagnies du 1ᵉʳ de ligne qu'il avait devant lui.

Tout en combattant, le gouverneur général dressait le plan de la prochaine campagne, ayant pour but de rejeter Abd-el-Kader au delà de l'Atlas et d'occuper Médéah et Milianah.

En attendant l'approbation de ces plans et leur exécution, nous nous emparâmes de Cherchel, l'antique Julia-Cesarea, petit port non loin d'Alger, laissé libre jusque-là, mais dont les habitants venaient de commettre un acte de piraterie, en enlevant et pillant un brick au commerce français, le *Frédérick-Adolphe*, capitaine Jouve, pris par les calmes devant le port.

L'équipage n'avait eu que le temps de se sauver dans ses chaloupes.

En route, nous eûmes deux brillants combats, et, le 15 janvier, nous entrâmes dans la ville déserte, Abd-el-Kader en ayant entraîné les habitants dans les montagnes des Beni-Menasser. Le maréchal y laissa le bataillon d'Afrique, alors commandé par Cavaignac. Le chef et les soldats y acquirent

Chasseurs d'Orléans.

un grand renom pendant le long siège qu'ils eurent à soutenir avant l'expulsion définitive d'Abd-el-Kader de la province d'Alger.

Dans les derniers jours d'avril, le duc d'Orléans, fidèle à ses nobles principes, arriva à Bouffarick, point de concentration de l'armée expéditionnaire. Il était accompagné de son frère, le duc d'Aumale, chef de bataillon au 4ᵉ léger, et son officier d'ordonnance pendant cette campagne. Un renfort de six mille hommes, dont douze cents cavaliers, arrive avec les princes, et nous voyons pour la première fois les chasseurs à pied, de récente formation, s'appelant alors chasseurs d'Orléans, du nom du prince qui les avait créés.

Notons que c'est de cette époque que, grâce à l'initiative du prince royal, l'armée d'Afrique fut dotée de la demi-couverture de campement, de la tente-abri, de la ceinture de flanelle, de la ration de sucre et de café au lieu d'eau-de-vie, améliorations auxquelles nous dûmes de voir immédiatement la maladie et la mortalité diminuer des deux tiers.

Le projet du maréchal était de commencer la campagne par l'occupation de Milianah. Aussi, le 27 avril, en partant de Blidah, l'armée, forte d'environ dix mille hommes, prit-elle sa route à l'ouest vers le fond de la Mitidja, pour camper au bois de Karésas. Le bivouac était établi, la soupe en train. Nous regardions curieusement un camp arabe établi vis-à-vis de nous, de l'autre côté de la plaine, sur les coteaux de El-Afroun, lorsqu'une grande ligne de cavalerie, sous les

Charge des Arabes sur le 17e léger.

ordres de M'Barak, s'avançant au pas et en bon ordre, vint se mettre en bataille devant nous, à portée de canon de nos avant-postes.

Aussitôt les marmites sont renversées, et, en moins d'un quart d'heure, l'armée, en bataille par bataillons en masse, marchait droit à l'ennemi. Celui-ci ne bougeait pas, et nous pûmes croire que M'Barak voulait combattre. Pas un coup de canon ; les distances se rapprochaient ; le drapeau du 2e léger fut tiré de son fourreau et mis au vent pour la fête ; nous n'étions plus qu'à portée de fusil, lorsque M'Barak se met en retraite vers les gorges de l'Oued-Ger et du Bou-Roumi. Quel désappointement !

« Allez vite, dit le duc d'Orléans, ordonner à la cavalerie de charger de manière à les couper de l'Oued-Ger. » Il se retourne et ne voit près de lui qu'un seul de ses aides de camp. C'est son frère, le duc d'Aumale, qui a déjà rassemblé son cheval et va partir. Le duc d'Orléans paraît hésiter, mais il y a tant d'urgence dans la mission et tant d'éloquence dans le regard de son frère, que le général fait le signe attendu, et que le jeune chef de bataillon s'élance vers la cavalerié.

Nous, infanterie, nous continuions à marcher sur le camp arabe de l'Afroun. Au pied des coteaux, le prince nous fit mettre sac à terre, et les positions ennemies furent enlevées au pas de course. Il était temps, car la nuit était venue.

Nous bivouaquâmes au hasard, le prince au milieu de nous. Le duc d'Orléans était inquiet de son frère, qu'il n'avait pas revu depuis la mission qu'il lui avait donnée. Le duc d'Aumale revint enfin, et nous apprîmes alors ce qui s'était passé du côté de la cavalerie. Sitôt après avoir reçu les ordres du prince, le colonel de Miltgen était parti pour les exécuter. Arrivé sur l'Oued-Ger en même temps que les Arabes, il les avait chargés, et il avait été tué d'un coup de feu. Or le duc d'Aumale, au lieu de revenir près de son général, sa mission finie, s'était placé botte à botte à côté du colonel et avait chargé sabre en main avec lui.

Le lendemain, nous reprîmes notre marche à l'ouest, toujours vers Milianah; mais, vers midi, un événement vint, qui changea les plans du maréchal. Nous vîmes déboucher du point sur lequel nous nous dirigions, et défiler à portée de canon, parallèlement et à contre-bord de nous, toute la cavalerie d'Abd-el-Kader. Nous pouvions, en agissant promptement, la jeter dans le lac Alloula; mais le maréchal, plus artilleur que tacticien, perdit un temps précieux à réfléchir, et, lorsqu'il se décida à agir, l'occasion d'un beau succès était perdue.

Nous revînmes sur nos pas; et après un combat sur l'Oued-Ger où, par sa brillante conduite, le capitaine Saint-Arnauld, de la légion étrangère, mérita l'épaulette de chef de bataillon, l'armée s'établit à Aouch-Mouzaïa, ferme située au pied du Téniah des Mouzaïah, avec lequel nous avons fait connaissance en 1836. L'objectif était changé; c'est Médéah que nous visions.

Le 12 mai, à la pointe du jour, nous commençâmes à gravir les hautes montagnes sur lesquelles Abd-el-Kader avait accumulé tous ses moyens de défense en hommes, artillerie et retranchements reliant le grand piton au col. Arrivés à mi-côte, sur un plateau qu'on appelle depuis lors le *plateau du Déjeuner*, la brigade Duvivier, 2e léger et 24e de ligne, fit halte, pendant que notre artillerie se mettait en position pour battre le col, que le 23e devait attaquer dès que nous serions maîtres du grand piton.

Au signal donné, nous grimpons, sous le feu plongeant des réguliers et la fusillade latérale des Kabyles, en nous aidant des ronces, des racines et de baïonnettes que nous plantons dans les interstices du rocher. Le roulement de la mousqueterie était si fort, qu'on l'entendait de Blidah. Nos pertes avaient été minimes pendant notre ascension, grâce à un épais brouillard qui, s'élevant tout à coup sur le flanc de la montagne, nous favorisait en rendant le tir des Arabes incertain. C'est au sommet du piton que nous fûmes le plus maltraités. Trois officiers qui sautèrent les premiers dans les retranchements y furent tués ; c'étaient le lieutenant Destrés, les braves et charmants sous-lieutenants Goyon de Beaucorps et de Guyon. Celui-ci avait reçu la croix d'honneur des mains du duc d'Orléans le matin même, au bivouac, au moment où nous nous ébranlions pour monter au col.

Mais le drapeau du 2e léger flotte sur le piton, les tambours battent aux champs, les clairons sonnent la marche du régiment, annonçant au maréchal et à la colonne du centre la gloire de nos armes. C'est ce que le rapport officiel exprimait en ces termes : « A ce moment, toutes les poitrines se dilatèrent, soulagées de l'oppression qui les accablait lorsque, ne voyant plus nos bataillons cachés par les plis de la montagne, on n'entendait que le roulement de la fusillade arabe à laquelle pas un coup de fusil français ne répondait, roulement si formidable qu'on l'entendait même de Blidah, à huit lieues de distance. »

A la vue du drapeau du 2e léger sur le piton, Abd-el-Kader comprit qu'il ne pouvait plus tenir au col, et, sans attendre la charge de la colonne du centre qui arrivait tambours battant, il se hâta de mettre ses quatre obusiers sur ses chameaux et de descendre au plus vite les pentes sud de l'Atlas.

Le 17, une garnison, composée de génie, d'artillerie et du 23e de ligne, fut installée à Médéah sous les ordres du général Duvivier, et le 20, à la pointe du jour, nous retournâmes au col. Dès nos premiers pas pour gravir la montagne, Abd-el-

Kader se rua avec toutes ses forces sur le 17e léger, d'arrière-garde ce jour-là. Le combat, long et meurtrier, fut terminé à notre avantage par la vigoureuse intervention des zouaves, envoyés au secours du 17e léger, un instant compromis. Cette journée nous avait coûté cent quarante-deux tués et deux cent treize blessés, presque tous mortellement. De son côté, Abd-el-Kader avait eu quinze cents hommes hors de combat.

Le 21, nous descendions du col à la ferme des Mouzaïah, sans tirer un coup de fusil ; le 23, les troupes avaient repris leurs cantonnements, et, le 27, les deux princes s'embarquaient pour rentrer en France. Le plus jeune devait revenir en Algérie pour y conquérir une renommée que les années ingrates n'ont pas effacée ; mais l'aîné devait bientôt être ravi à l'affection de la France par une douloureuse catastrophe.

Dieu, dont les décrets éternels sont à peine compris, même après leur accomplissement, le rappela prématurément à lui, comme le seul obstacle à la révolution qui devait, quelques années plus tard, arracher cette noble famille du sol de la France, et la disperser aux quatre vents du ciel.

A la suite de l'expédition de Médéah, les colonels Lamoricière et Changarnier furent nommés généraux de brigade.

LAMORICIÈRE

Jeune encore, Lamoricière avait quitté l'arme du génie et était entré aux zouaves lors de la formation de ce corps. Ses débuts furent des actions d'éclat, marquées au cachet de la valeur la plus intelligente. A Bougie, il se fait débarquer sur la plage pour lever le plan de la place, et, sa besogne finie, il salue les balles qui pleuvent autour de lui et vogue vers Toulon pour y presser l'embarquement d'un corps expéditionnaire. A quelque temps de là, on le trouve à Arzeu, juste pour protéger la rentrée à Oran des débris du désastre de la Macta. Partout où il y a un grand danger à courir, une entreprise hardie à tenter, un service signalé à rendre, on le voit surgir comme le *Deus ex machina*.

Jusque-là son influence s'exerce sur les zouaves, auxquels il semble avoir mis le diable au corps, et qui se feraient tuer pour lui, tant il a su garder le tempérament qu'il faut garder avec des hommes chez lesquels les dispositions aventureuses, les goûts indépendants sont entretenus par une vie de bivouacs, de marches, de combats, de dévouements éclatants, d'embuscades, de ruses ténébreuses qui leur ont valu le nom de *chacals*.

Mais laissons-le monter, en tête de sa colonne, sur la brèche de Constantine et sortir brûlé et blessé de l'explosion ; puis

Officier et zouaves.

enlever les redoutes du col des Mouzaiah et arriver ainsi par des échelons héroïques aux étoiles de général. Nous le verrons grandir avec son rôle, se rendre multiple comme ses devoirs, paraître sur vingt points en quelque sorte à la fois ; étonner, épouvanter les Arabes par la rapidité de ses coups, et recevoir des indigènes des noms différents : ici, Bou-Aroua (le père au bâton), du gourdin qu'il portait toujours ; là, Bou-Chachia (le père à la calotte), de cette coiffure qu'il avait adoptée, tant les Arabes ont de la peine à croire que ce soit le même homme qui puisse accomplir de si nombreux exploits.

C'est surtout à Mascara qu'il déploya les ressources de son génie. En huit jours, d'une garnison bloquée et réduite aux abois, il fit une colonne expéditionnaire portant la terreur à trente lieues de son centre d'opérations, et en quinze jours il rendit tout le pays entre la mer et Mascara aussi tranquille que les environs d'Oran. C'est lui qui, le premier, pratiqua le fameux système de nourrir la guerre par la guerre. C'était fort bien d'avoir des moulins à bras par compagnie, quand il y avait dans les champs et dans les silos du grain à mettre entre les deux pierres; mais le général faisait quelquefois certaines extensions de son système, où il avait besoin de tout son prestige pour ne pas exciter des explosions de mécontentement. Je vais en citer un exemple.

Dans l'hiver de 1841 eut lieu l'expédition de Frenda, pendant laquelle on eut du froid et de la neige comme dans les plaines de la Flandre, sans que cela empêchât le général de faire faire à sa colonne des marches de dix à douze lieues. Un certain jour, l'avant-garde, ayant passé un long défilé, déboucha dans une plaine couverte de ces chardons qui donnent des artichauts sauvages, et y fut arrêtée pour donner le temps à la colonne de sortir du défilé. Au fur et à mesure que les bataillons arrivaient, ils se massaient sur l'avant-garde; les hommes mettaient sac à terre et s'amusaient à couper des artichauts qu'ils grignotaient.

Le général, d'abord intrigué, s'informe, examine ce légume dont la plaine est couverte, et fait prévenir tous les corps qu'on restera là une heure, pour que chacun puisse faire provision d'artichauts sauvages. Aussitôt, on se répand dans la plaine, riant, chantant, faisant mille plaisanteries, et une heure après tous les chardons étaient fauchés à une lieue à la ronde.

Mais voici la contre-partie, le revers de la médaille. Le soir, en arrivant au bivouac, un ordre de la division prescrivit que les hommes ayant fait ample provision d'artichauts sauvages, cette denrée tiendrait lieu de pain pendant un jour. Avec tout autre général, cette mesure eût fait éclater un mécontentement unanime; mais avec Lamoricière ce ne fut qu'une surprise, peu agréable certes, qui se changea bientôt en une source de plaisanteries, de jeux de mots et de *lariflas* sur *l'artichaut-pain*.

J'aurai cent occasions de parler du général Lamoricière, car il occupe une grande place dans l'histoire de la conquête de l'Algérie. Hélas! pourquoi ne conserva-t-il pas cette place, au lieu d'accepter un mandat de député à la Chambre et d'aller se mêler aux révolutions de Paris? Il a manqué à sa destinée et à la gloire de sa patrie, car personne ne saurait douter que les grandes guerres de Crimée et d'Italie ne lui eussent valu le bâton de maréchal.

Mais du moins il n'a rien perdu de son individualité remarquable, et l'illustre battu de Castelfidardo et d'Ancône est toujours le héros de Constantine, de Mascara et du Maroc.

Le dévouement qu'il a montré à une cause auguste et malheureuse complète cette vie remarquable. Il a fait preuve d'un grand cœur et d'une grande intelligence politique ; je ne doute pas qu'il n'ait vu le danger que peut faire courir un jour à la France le voisinage d'une forte unité italienne ; car si la reconnaissance des hommes est douteuse, celle des États est plus que problématique.

Lamoricière aurait tenu la promesse qu'il avait faite au Saint-Père, il aurait préservé ses États de la révolution ; mais il n'était pas préparé à lutter contre une armée d'envahisseurs. En combattant un contre dix, Lamoricière fit plus que son devoir, mais il ne le fit qu'autant que sa conscience le voulait ; et du jour où il alla offrir son épée au chef auguste de la chrétienté, il mit le sceau à sa grande réputation, et mérita qu'on dit de lui :

Victrix causa diis placuit, sed victa Catoni.

CHANGARNIER

Né en 1793, Changarnier sortit de Saint-Cyr en 1815 et débuta dans la carrière des armes par les gardes du corps du roi Louis XVIII. De là, il passa comme lieutenant au 60e de ligne, et fut nommé capitaine en 1825, après avoir fait brillamment la campagne de 1823 en Espagne, et avoir été blessé à la prise du Trocadéro. En 1830, il commandait la compagnie de carabiniers du bataillon du 2e léger, qui avec un bataillon du 4e de la même arme formait un régiment de marche lors de la conquête d'Alger. Nous avons vu qu'il passa chef de bataillon le 31 décembre 1835. Si du grade de chef de bataillon à celui de général il n'a mis que quatre ans et demi, il faut se rappeler qu'il lui a fallu vingt ans pour devenir de sous-lieutenant chef de bataillon. A l'époque où le 2e léger faisait partie de la division active des Pyrénées-Orientales, le général Castellane, qui la commandait, proposait chaque année le capitaine Changarnier pour commandant ; et chaque année le ministre biffait le capitaine Changarnier du tableau d'avancement. Les opinions légitimistes non dissimulées du capitaine étaient la raison de cet ostracisme, que la haute intervention du duc d'Orléans put seule lever.

Nul ne possédait à un plus haut degré que Changarnier l'intelligence de la guerre et la vigueur de l'exécution. Il n'était pas beau parleur ; mais dans les circonstances solennelles il avait de ces mots heureux qui enlèvent les masses comme un seul homme, parce qu'ils partent du cœur. On l'a bien vu à la retraite de Constantine.

Après avoir étudié son terrain avec une promptitude et une justesse de coup d'œil remarquables, et donné ses ordres avec précision et clarté, il payait de sa personne comme un simple soldat. Pour lui, le danger n'existait pas là où il y avait honneur et devoir ; il ne quittait la partie qu'après l'avoir gagnée. Quel plus mémorable exemple de cette noble ténacité que sa conduite à l'Oued-Fadda ?

Trahi par les chefs du pays, auxquels il avait accordé l'aman, conduit par eux dans un coupe-gorge où sa faible colonne aurait dû être anéantie, il parvint, à force d'habileté et de courage, à sortir des montagnes et à gagner la plaine. Sur dix généraux, neuf se seraient estimés très heureux d'avoir échappé à de si grands dangers en sauvant l'honneur du drapeau ; mais Changarnier n'en jugea pas ainsi. Divisant en deux parties sa colonne déjà bien affaiblie, il en laissa une à la garde de ses blessés, et reprit avec l'autre, au milieu de la nuit, la route de ces montagnes qui avaient failli lui être si funestes.

Les Arabes, fiers de leur journée de poudre, l'avaient célébrée à leur manière, lorsque, à la pointe du jour, ce général, qu'ils croyaient sur la route de Milianah, tombe sur eux avec la rapidité de la tempête, rase, saccage, brûle leurs douars et leur enlève une grande quantité de bétail et de prisonniers. Ce ne fut qu'après avoir ainsi puni la trahison que le général rentra à Milianah, à la tête de ses soldats harassés, mutilés, mais portant haut leur tête glorieuse.

Après 1848, certains journaux ont tourné en ridicule le général Changarnier. S'en prenant à son excessive recherche, à son élégance native, ils le désignaient sous le nom de général *Bergamote*.

Oui, le général a toujours porté au dernier point le soin de sa toilette; mais les gants glacés qui couvraient ses mains ne l'empêchaient point de manier vigoureusement sa valeureuse épée; et ses pieds chaussés de bottes vernies escaladaient hardiment les pics de l'Atlas. Pendant six mois, à la tête d'une colonne de quatre à cinq mille hommes, le général parcourut, en le soumettant, l'énorme massif de l'Oueransaris, imprimant la terreur par la hardiesse de ses coups. En proie à une fièvre continue, il passait néanmoins ses journées à cheval, marchant et combattant sans cesse. Le soir, quand sa petite armée mangeait la soupe et se reposait, le général prenait une dose de sulfate de quinine et passait la majeure partie de la nuit à dicter ses rapports au gouverneur et ses ordres de marche pour le lendemain. A l'aube, lorsque la diane rappelait le camp à de nouveaux combats, Changarnier, sous le coup d'un accès de fièvre, montait à cheval, sans qu'aucun de ses soldats pût deviner les souffrances de son chef, tant son énergie était habile à les dompter.

Pendant six mois le général Changarnier vécut de cette vie. Quel est celui de ses détracteurs qui en eût fait autant?

Si j'avais à parler de la partie de la vie de Changarnier consacrée à la politique, ce serait pour regretter qu'il se soit, lui aussi, fourré dans ce guêpier; mais cela n'entre pas dans le cadre de ce livre. Je dirai seulement que la vie publique de mon premier capitaine, — car j'ai été caporal dans sa compagnie, — se termina tristement à l'armée de Metz, où il servait comme volontaire. C'est lui qui fut chargé de la triste mission de traiter avec Bismarck de la cessation des hostilités aux conditions suivantes : libre départ de l'armée de Metz pour l'Algérie, ou bien armistice avec ravitaillement, pendant lequel l'ancien corps législatif, convoqué, nommerait un autre gouvernement que l'armée de Metz ferait reconnaître par toute la France. On sait l'échec de ses négociations et leurs suites à jamais déplorables.

MILIANAH

Le 3 juin 1840, une colonne de dix mille hommes, sous les ordres du gouverneur général, se dirigeait à l'ouest, vers Milianah. Après un combat à Caroubet-el-Onseri, elle gravissait le Gontas, d'où des tourbillons de fumée nous indiquaient la direction de la ville, à laquelle Abd-el-Kader avait mis le feu.

Milianah, qui commande d'un côté l'entrée de la Mitidja, et de l'autre celle de la vallée du Chéliff, est suspendue au flanc du Zaccar, dont la cime s'élève à 1354 mètres au-dessus du niveau de la mer. La ville est d'origine romaine, et sa valeur stratégique est attestée par les voies et les postes militaires que l'on trouve entre elle et l'antique Julia-Cesarea (Cherchel). Au-dessous de Milianah, le terrain forme une sorte de vaste entonnoir dont les bords sont dessinés par deux chaînes de hautes collines, se rejoignant au marabout de Sidi-Abd-el-Kader.

Arrivé à ce point, le maréchal put voir l'émir établi, avec ses réguliers et sa petite artillerie, sur un plateau à l'ouest et touchant à la ville. Nos colonnes d'attaque se formèrent au pied du Zaccar, pendant qu'une section de nos pièces de campagne faisait taire en un instant les inoffensifs obusiers de l'ennemi. La charge retentit, nous gravissons la rude montée, et, arrivés au sommet, rien, personne dans la ville ni sur le plateau. Abd-el-Kader s'était hâté de déguerpir, emmenant avec lui les habitants.

Notre premier soin fut d'éteindre l'incendie, — ce qui ne fut ni long ni difficile, la ville étant arrosée par d'abondantes eaux sortant du Zaccar. — Tout le monde craignait d'être désigné pour rester à Milianah, lorsque nous apprîmes que les victimes étaient un bataillon de la légion étrangère et le 3e léger, sous les ordres du colonel d'Illens. Nous pressentions en eux des victimes, et ce qu'ils eurent à souffrir dépassa de beaucoup nos pressentiments. Tout était insuffisamment calculé en vue d'une occupation définitive, et l'incurie du maréchal Vallée en cette circonstance est une tache à sa mémoire.

Nous revînmes à Médéah par la vallée du Chéliff, escortés sur notre gauche par Abd-el-Kader, qui, croyant que notre retour s'effectuerait par le même chemin que l'aller et trompé dans ses prévisions, nous suivait pour nous livrer, le 15 juin, un combat acharné, sur le même terrain où il avait été battu le 20 mai. De cette date au 5 juillet, notre existence se passa en combats de chaque jour entre Milianah et Médéah.

SUITE DE LA CAMPAGNE DE 1840

Le maréchal avait fait établir un télégraphe aérien au sommet du pic le plus élevé de l'Atlas, nommé Aïn-Talazit d'une source abondante qui en sortait, et le général Changarnier y fit construire un petit camp où furent mises quelques troupes de la garnison de Blidah, qui est au pied de la montagne.

Le général Duvivier ayant télégraphié pour demander des vivres, Changarnier alla lui en porter, en partant d'Aïn-Talazit, à travers le pays le plus affreusement tourmenté qui se puisse voir. Les Kabyles nous disputèrent tous les passages, mais nous arrivâmes cependant à Médéah avant que les deux bataillons de réguliers qui bloquaient cette ville, prévenus trop tard de notre présence, eussent pu venir nous arrêter. Ils comptaient bien se dédommager le lendemain, et ils allèrent pendant la nuit se poster sur le chemin par lequel nous étions venus et qu'ils supposaient, — ainsi que nous-mêmes, du reste, — nous voir reprendre le lendemain.

Mais, le lendemain, ce fut par le col des Mousaiats que nous prîmes notre route. Arrivés au bois des Oliviers, théâtre de plusieurs combats meurtriers, nous fîmes notre café sans avoir vu un seul Arabe, et l'escadron de chasseurs que nous avions avec nous se mit en marche avec nos deux pièces de montagne et l'ambulance, pour dégager le chemin. Le 24ᵉ suivait pour protéger ce convoi, et il ne restait plus avec le général que le 2ᵉ léger et le bataillon de chasseurs d'Orléans, ne comptant guère plus de deux cents hommes et commandé par Mac-Mahon, qui venait de quitter l'état-major.

Nous allions partir à notre tour, lorsque nous vîmes descendre du Nador en courant une fourmilière de réguliers, prévenus enfin de la route que nous suivions. Certes, ils étaient assez loin pour que, sans nous presser, nous pussions faire notre ascension et gagner la hauteur avant leur arrivée au bois des Oliviers. Nous pouvions nous dispenser de combattre, mais cela n'eût pas fait l'affaire de notre général.

Après avoir froidement examiné son terrain et l'ennemi qui arrivait : « Ah! dit-il, ils veulent avoir une affaire, eh bien! ils l'auront! » Et tout aussitôt il prit ses dispositions de combat, déployant les chasseurs, avec ordre de se replier au pas de course quand il leur en donnerait le signal, et cachant le 2ᵉ léger, en colonne serrée, derrière un coude de la route.

Les réguliers arrivaient à la débandade et comme à la curée, se fusillant aussitôt avec les tirailleurs. Le général attendait que le moment fût venu de donner suite à ses projets. Lorsqu'il vit tous les réguliers à l'entrée du bois, il fit sonner en retraite aux chasseurs, qui prirent le pas de course, à droite et à gauche de la route. Aussitôt les Arabes poussent des cris de joie et se précipitent à la poursuite des chasseurs par la route qui leur est ouverte, entassés, pêle-mêle, comme des fous furieux. Encore quelques mètres, et ils vont tourner le coude derrière lequel est caché le 2ᵉ léger. Alors le général fait le signal convenu, et ce bataillon s'élance en avant, lardant les Arabes à coups de baïonnettes, avant qu'ils aient pu comprendre d'où sortait ce nouvel ennemi.

On voit le tableau : les Français marchent en avant, la baïonnette croisée, et les Arabes se jetant sur ces baïonnettes, dans un espace resserré, ceux de devant poussés par ceux de derrière qui ne voyaient pas ce qui se passait au delà du coude de la route. Presque toutes les baïonnettes de notre premier bataillon étaient tordues et ensanglantées. Les Arabes avaient perdu beaucoup de monde ; nos pertes, à nous, étaient très peu nombreuses ; malheureusement elles comprenaient deux officiers tués dans la mêlée.

Le général Changarnier, auquel semblaient dévolues les missions les plus ardues, partit le 1ᵉʳ octobre de Blidah, avec deux mille hommes seulement, pour aller ravitailler Milianah. Cette tâche glorieusement accomplie, il la recommença le 27 du même mois pour Médéah.

Le 5 novembre, le gouverneur lui-même alla ravitailler Milianah, sur le bruit qu'Abd-el-Kader était résolu à lui livrer une grande bataille au col des Gontas. Il n'en fut rien. Fatigué des réclamations des fantassins et cavaliers des tribus, qui demandaient du repos, l'émir avait congédié ses goums, en les autorisant à aller faire leurs labours.

C'est alors que fut relevée la garnison de Milianah, ou, pour être plus exact, qu'on emporta sur des prolonges les débris de cette garnison.

Le 11, le 23e fut relevé à Médéah par les zouaves sous les ordres du lieutenant-colonel Cavaignac.

Pour ne pas interrompre le récit de nos opérations dans l'ouest de la province d'Alger, je n'ai pas mentionné un brillant fait d'armes accompli en septembre, dans cette direction, par Changarnier. Je remplis cette lacune :

Instruit que Ben-Salem, kalifa d'Abd-el-Kader, campait à l'extrémité est de la Mitidjah, au lieu dit Kara-Mustapha, il se porta, de la maison carrée, contre lui, à huit heures du soir. Une heure avant le jour, il arrivait aux avant-postes arabes, qui furent passés au fil de la baïonnette, et le camp fut enlevé. Le général rentra à Alger, ayant compté cent vingt-neuf cadavres sur le terrain et ramassé un important butin.

Nos succès dans les provinces d'Oran et de Constantine n'étaient pas moins grands que dans celle d'Alger. La confiance renaissait partout; la grande insurrection de 1839 était refoulée, Abd-el-Kader rejeté au delà de l'Atlas, lorsque le maréchal Vallée donna sa démission, et fut remplacé par le général Bugeaud, qui arriva à Alger le 22 février 1841.

LE MARÉCHAL BUGEAUD

Le maréchal Bugeaud débuta dans la carrière des armes par les vélites, et il eut l'honneur, étant colonel, de tirer les derniers coups de fusil contre les envahisseurs de la France, en 1814, en arrêtant avec son seul régiment un corps de dix mille Autrichiens qui entrait en France par la vallée de l'Isère.

Pour un parti, notre nouveau gouverneur général était

l'odieux geôlier de la duchesse de Berry ; pour un autre, c'était l'assassin de Dulong, qu'il avait tué en duel, le bourreau de la rue Transnonain. La presse de ces deux opinions, qu'il avait quelquefois traitée avec injustice, l'attaquait avec violence. Seule, l'armée d'Afrique ne voyait en lui que l'héroïque colonel du 14e de ligne, le dernier défenseur du sol de la patrie, le vainqueur de la Sika.

La première fois que nous vîmes cette tête empreinte tout à la fois d'énergie et de bonté, de finesse et de simplicité, nous nous sentîmes attirés vers lui comme par une influence magnétique ; et lorsque, devant l'ennemi, son œil bleu s'illumina d'une flamme subite, nous fûmes animés de cette confiance qui rend les armées invincibles.

Le général Bugeaud apportait en Algérie des idées que d'autres avaient eues peut-être déjà, mais que personne n'avait exprimées avant lui. Son système stratégique était de diviser les forces de l'ennemi, de les détruire séparément et de s'attacher ensuite à la poursuite d'Abd-el-Kader lui-même. Il commença par supprimer cette quantité de petits camps où le tiers de l'armée était prisonnier, et il distribua ensuite à ses lieutenants le rôle qu'il voulait leur donner dans le drame qu'il avait conçu.

Le général Bugeaud enseignait la guerre autant par ses discours que par ses exemples. Au lieu de se renfermer dans un mutisme orgueilleux, il communiquait ses plans non seulement aux généraux, mais encore aux officiers de tout grade; les soldats eux-mêmes pouvaient prendre leur part de la leçon, ainsi que j'aurai l'occasion de le dire quand nous en serons à la bataille d'Isly. Il fut surtout remarquable par le soin constant qu'il eut du soldat. Il évitait de le fatiguer inutilement. Nous partions quelquefois avant le jour, bien prévenus que nous avions une grande journée de marche à faire ; puis, vers sept ou huit heures, nous rencontrions des arbres, de l'eau, un site agréable : « Voici, disait le maréchal, un joli bivouac où nous serons très bien, campons-y. » Aussi, de quel dévouement n'était-il pas récompensé ! Quelque périlleuse et pénible que dût être une expédition, les soldats étaient tranquilles et gais. Ils seraient partis sans vivres et sans munitions : qu'avaient-ils à craindre ? Est-ce que le père Bugeaud n'était pas là ?

Parlerai-je de sa bravoure? Qui ne l'a vu dans mille circonstances, et notamment en Kabylie, lorsque, debout sur un rocher, au milieu d'une grêle de balles, la tête nue, l'œil étincelant, le front rayonnant, il donnait le signal de la charge?

Tel était alors et tel est aujourd'hui le sentiment de l'armée au sujet du maréchal Bugeaud.

CAMPAGNE DE 1841

Le 27 avril, le gouverneur général partit de Blidah, après avoir formé trois colonnes de son armée. Il se dirigeait sur Médéah. La colonne du centre était sous son commandement direct et prenait la route Clauzel; celle de gauche, sous les ordres de Changarnier, prit par le grand Piton; et le général Duvivier, avec la troisième, passa par les gorges de la Chiffa, qu'on voulait reconnaître. Ces trois colonnes se réunirent au col et descendirent ensemble au bois des Oliviers, où le bivouac fut établi. Un seul combat eut lieu sur ce point, et l'armée revint sans encombre à Alger.

Elle en repartit bientôt pour Milianah, en passant par les crêtes du Gontas et par Aïn-Sultan. Les ducs de Nemours et d'Aumale faisaient partie de cette expédition : le premier commandait une division; et le second, alors lieutenant-colonel, avait sous ses ordres deux bataillons d'infanterie.

Le 2 mai, le général Bugeaud arrivait devant Milianah. Du marabout de Sidi-Abd-el-Kader, il put juger des forces de l'émir. Elles comprenaient dix mille chevaux, trois bataillons de réguliers de huit cents hommes chacun, et les contingents kabyles venus de trente lieues à la ronde. Avec ces forces, Abd-el-Kader pensait nous causer des pertes énormes, surtout au moment où nous serions contraints d'évacuer les positions qui avoisinent Milianah; mais il avait affaire à forte partie. Après avoir jeté son convoi dans la ville, le général en chef prépara sa retraite de manière à infliger un échec sérieux à son adversaire. Le succès ne répondit pas à la sagesse de ses plans par des causes indépendantes de la volonté de tout le monde. Au lieu de détruire complètement les trois bataillons de réguliers, comme on l'espérait, on ne leur tua guère que trois à quatre cents hommes, mais ce fut assez pour faire avorter les plans d'Abd-el-Kader. Ce combat avait eu lieu le 3 mai. Le lendemain, l'armée marcha à l'ouest en suivant la rive droite du Chéliff. On croyait généralement marcher sur Mostaganem, lorsque, le 5, nous passâmes le Chéliff à El-Cantara, et nous remontâmes cette rivière par une marche de nuit qui nous porta au pied des montagnes des Beni-Zoug-Zoug. Le général avait été décidé à cette marche rapide par la nouvelle que la cavalerie régulière de l'émir s'était réfugiée dans cette tribu. Nous la rencontrâmes en effet à la pointe du jour suivant, et elle fut chargée par notre avant-garde, composée d'un escadron de quatre-vingts gendarmes que commandait un vaillant homme de guerre, le capitaine Broqueville. Cette poignée de braves engagea un combat meurtrier contre deux cents cavaliers rouges et trois ou quatre cents hommes des goums. Le capitaine fut tué et tout l'escadron aurait eu le même sort, si les chasseurs d'Afrique n'étaient arrivés à la rescousse et n'avaient mis l'ennemi en fuite.

Après ces opérations, qui inauguraient d'une manière si brillante son gouvernement, le général Bugeaud confia aux généraux Baraguay-d'Hilliers, Changarnier et de Bar, le soin de poursuivre l'exécution de ses plans. Le théâtre de la guerre était transporté au delà de l'Atlas ; Milianah et Médéah, munis d'approvisionnements considérables et de troupes suffisantes, étaient devenus les centres d'où nous allions désormais rayonner, et le gouverneur général pouvait porter ailleurs les bienfaits de sa présence. C'est ce qu'il fit en s'embarquant, le 14 mai, pour Mostaganem, avec le duc de Nemours. Pendant qu'il s'acheminait vers le sud, il se faisait non loin de Bouffarik, le 19 mai, un échange de prisonniers, dont nous parlerons dans la deuxième partie de ce livre, parce qu'il fut l'œuvre du clergé et qu'il en est encore la gloire.

Le gouverneur général atteignit, le 25 mai, le but de son expédition, qui était Tagdempt, principal dépôt d'armes et de munitions de l'émir. La citadelle de Tagdempt consistait en un carré de maçonnerie ouvert par une seule porte. Le mur avait deux cent quarante mètres de tour et six mètres de hauteur.

Tagdempt démantelé, l'armée se dirigea sur Mascara, dont

l'occupation avait été décidée. On y logea trois bataillons d'infanterie, trois compagnies du génie et une certaine quantité d'artillerie sous les ordres du général Tempoure.

Nous quittâmes Mascara le 1er juin, pour rallier Mostaganem, d'où devaient être tirés les approvisionnements de notre nouvel établissement. Pendant cette marche eurent lieu de brillants combats, pendant lesquels un aumônier (le premier qui eût jusque-là paru dans nos colonnes), M. l'abbé G'Stalter, mérita les honneurs de l'ordre du jour.

Pendant que ces choses se passaient dans la province d'Oran, on combattait vaillamment dans celle d'Alger. Le 17 mai, le général Changarnier ravitaillait Médéah, et le général Baraguay-d'Hilliers détruisait Bogbar et Thaza.

Le 20, le général Baraguay-d'Hilliers, campé à Aïn-Sultan, faisait célébrer une messe au bivouac en l'honneur de l'Ascension, dont c'était le jour.

Nous trouvâmes à Thaza une inscription se rapportant à un drame militaire, et que nous reproduisons dans sa touchante naïveté :

✝

55 PRISONNIERS
ET UN CAPITAINE SONT
PARTIS LE 13 MAI 1841
OU NE SAVONS PAS

———

LE 13 MAI 1841, 10 HEURES
SANS SAVOIR OU NOUS
ALLONS A LA GRACE DE DIEU

Les cœurs sensibles comprendront ce que cette lecture nous causa d'émotion. La croix qui commençait ces lignes, et ces mots *à la grâce de Dieu* qui les terminaient, sont d'une grande éloquence. La confidence que le pauvre soldat adressait à ses amis inconnus, qui ne la liraient peut-être jamais, débutait par le signe de la résignation et finissait par un cri d'espérance. Ces cinquante-cinq prisonniers et leur capitaine, M. Morizot, étaient les débris d'un détachement du 3e léger, surpris par les Hadjouts dans une reconnaissance auprès de Coléah. Ils furent échangés quelque temps après.

Le 10 juillet, le gouverneur rentrait à Alger, revenant de Mostaganem, où il laissait le général Lamoricière avec mission de continuer son œuvre.

Le 20 juillet, le 17e léger rentrait en France, sous la conduite du duc d'Aumale, qui en avait été nommé colonel.

Pendant que nos armes victorieuses reportaient la guerre dans les pays lointains d'où elle nous était venue, le gouverneur général exerçait sa sollicitude sur les soldats et sur les colons. Cela n'empêchait pas la guerre de continuer dans les trois provinces. Dans celle d'Alger, le général Baraguay-d'Hilliers livrait un beau combat en allant porter des vivres à Milianah. Nous y perdions un officier d'état-major distingué, M. Fallot de Broignard, dans des circonstances qui méritent d'être relatées.

Ce capitaine avait été envoyé porter des ordres à un bataillon qui montait les rampes du col de Mouzaïah, au milieu d'un brouillard épais et glacé qui couvrait la montagne. Il revenait, suivi d'un adjudant auquel il voulait indiquer le point précis où devait s'établir le bataillon. Des Kabyles qui l'avaient vu passer se glissèrent dans les rochers, près de sa route, et s'y postèrent de manière à guetter son retour. Le capitaine, arrivé à leur hauteur, reçoit un coup de feu qui le jette à terre mortellement frappé, et cependant il a encore le temps et la force de dire à l'adjudant : « Ne descendez pas jusqu'ici, ils vous tueraient comme moi; mais dites bien à votre commandant que c'est là que son bataillon doit prendre position. » Et il meurt en lui désignant du doigt la pointe à occuper.

Le 8 novembre, le gouverneur, revenu dans la province d'Oran, battait à Fortassa les contingents d'Abd-el-Kader conduits par l'émir lui-même. Dans cette affaire, les zouaves du commandant Leflô sauvèrent nos goums alliés d'une destruction dont ils étaient menacés par les cavaliers rouges d'Abd-el-Kader. Dans ce combat, l'un des plus brillants qu'il y ait eu en Algérie, les officiers qui se signalèrent le plus furent les lieutenants-colonels Yusuf et Tartas, le général Mustapha, El-Mezary et le commandant Walshin d'Estheratzy.

Parvenu au centre des Hachem, berceau de la famille d'Abd-el-Kader, nous trouvâmes le village de Guetua, où l'émir était né. Le gouverneur en ordonna la destruction, qui fut opérée immédiatement. C'était une manière de déclarer à notre ennemi que nous ne nous arrêterions pas avant d'avoir renversé sa puissance comme nous démolissions l'habitation de ses pères.

Dans la nuit du 23 au 24, nous fûmes attaqués au bivouac de l'Oued des Beni-Meckeren, et c'est là que se produisit le fait original qui donna naissance à la légende de la casquette du père Bugeaud.

Appelé hors de sa tente par l'intensité de la fusillade, le maréchal se tint sur la ligne des faisceaux jusqu'à la pointe du jour. Les agresseurs repoussés, il allait rentrer dans sa tente lorsqu'il s'aperçut que tout le monde le regardait et riait. « Qu'ont-ils donc à me regarder ainsi et à rire, ces grands enfants ? dit-il à son aide de camp et ami, le colonel Eynard. — Eh ! répondit le colonel Eynard en riant lui-même, c'est... votre coiffure. — Ma coiffure ? » et Bugeaud porte en même temps la main à sa tête, et il y trouve son bonnet de coton à la place de son képi brodé. Il va sans dire qu'il en rit lui-même, et j'ajouterai que cet incident original lui servit dans plusieurs circonstances pour stimuler ses troupes. C'est ainsi que le matin de la bataille d'Isly, traversant pour la vingtième fois la rivière de la Malouïa, il disait gaiement aux tambours et clairons : « Allons, enfants, la casquette du père Bugeaud. »

Les résultats du vigoureux système du général Bugeaud furent tels, qu'à la fin de 1841 la guerre ne se faisait plus qu'aux limites du désert. Nos villes du littoral, encore tout émues de certaines attaques audacieuses, ne connaissaient plus l'ennemi que par nos bulletins de victoire. Le torrent dévastateur, refoulé par le bras puissant du gouverneur, était attaqué à sa source même, que devaient bientôt tarir les efforts incessants de nos troupes.

CAMPAGNE DE 1842. — BLANDAN

La guerre ne connaissait plus de saisons ; hiver comme été, nous étions toujours en campagne. Tant de colonnes opéraient en des points si divers, que je ne puis les suivre toutes jour par jour. Aussi ne parlerai-je que des faits importants, de ceux surtout qui sont pour nous de véritables exemples d'héroïsme. Tel est le fait qui a rendu immortel le nom du sergent Blandan.

Le 10 avril, le sergent Blandan, du 26ᵉ de ligne, sortait de Bouffarik à la tête de dix-huit hommes de son régiment et des chasseurs d'Afrique. M. Ducros, sous-aide chirurgien allant rejoindre son poste, s'était joint à cette petite troupe, chargée, jusqu'au blockhaus du Méred, de la correspondance pour Blidah.

Arrivé au ravin de Méred, alors véritable coupe-gorge couvert d'une luxuriante végétation d'oliviers sauvages, de tamaris et de lauriers-roses, où, en 1836, un escadron de spahis avait péri presque en entier, le détachement de Blandan est entouré par trois cents cavaliers arabes. Le sergent se hâte de former sa troupe pour combattre, lorsqu'un grand nègre, qui paraissait être le chef des Arabes, se détache des rangs ennemis et lui dit, en assez bon français pour en être compris : « Rends-toi, sergent, et il ne sera fait aucun mal ni à toi ni à tes soldats.

— Tiens ! lui répond Blandan, voici comment je me rends ; » et en même temps, le mettant en joue, il le tue et commande à sa troupe : « Commencez le feu ! »

Les Arabes plient sous cette première décharge ; mais, honteux de céder devant une poignée de soldats, ils reviennent sur cette faible troupe et la criblent de balles. Huit hommes sont tombés à leur première décharge ; Blandan a reçu trois coups de feu, et il continue à commander. Le cheval du brigadier est tué et lui-même est renversé. « Prends le commandement, lui dit Blandan, car, pour moi, je n'en puis plus ! » Les blessés, couchés dans la poussière, chargent les armes de leurs camarades, et ce sont pourtant des recrues d'une année de service, qui n'avaient pas encore vu le feu.

Mais d'instant en instant cette troupe héroïque diminue, il ne reste que sept hommes debout, lorsque tout à coup les Arabes s'arrêtent, tournent les yeux à droite et à gauche, et semblent hésiter. Une colonne de poussière s'est élevée du côté de Bouffarik, et s'avance comme les nuées d'un ouragan, en même temps que des cris retentissent au delà du ravin, vers le blockhaus. Le bruit d'une troupe de cavaliers se fait entendre ; les lames de sabre lancent leurs éclairs. C'est le

colonel Morris avec ses chasseurs, et le lieutenant du génie
Jourlard qui, avec trente fantassins, accourt de Méred, où il
exécutait quelques travaux.

Des deux côtés, on se précipite sur la horde arabe; les
chasseurs la sabrent et les fantassins la fusillent. Elle fuit.
Le colonel revient ensuite au groupe du 26ᵉ, et s'approchant

El-Kantara.

de Blandan, il cherche à le ranimer par quelqu'une de ces
paroles qu'un brave tel que lui sait toujours trouver au fond
de son cœur; mais Blandan ne peut pas lui répondre. Ses
lèvres, déjà livides, ne laissent échapper que ces mots :
« Courage, mes amis ! défendez-vous jusqu'à la mort. » Un
instant il paraît recouvrer ses sens, et le colonel en profite
pour lui mettre sa propre croix dans la main. Ranimé au
contact du signe de la valeur, Blandan a la force de le porter
à ses lèvres, et il expire en le baisant.

La grande âme du maréchal Bugeaud fut émue du récit de

cette action sublime, et s'exhala dans un magnifique ordre du jour à l'armée, citant tous les braves de Méred, les morts comme les survivants.

A la place où eut lieu ce mémorable combat, au milieu du gracieux village de Méred, s'élève un obélisque destiné à perpétuer la mémoire de ce fait glorieux. Son fût, haut de vingt-deux mètres, repose sur une base disposée en fontaine. Sur une face, on lit : « AUX 22 BRAVES DE MÉRED; » et sur l'autre : « COMBAT DU 10 AVRIL 1842. »

1843. — LA SMALAH

Pendant que Blandan immortalisait son nom au petit ravin de Méred, nos généraux frappaient de grands coups sur la vaste étendue de nos possessions : Lamoricière chez les Hachem, Bedeau dans les Trara, d'Arbouville sur le Chéliff et la Mina, Changarnier entre la Mitidjah et la mer, tuant beaucoup de monde à l'ennemi et faisant des razzias extraordinaires, comme celle de Changarnier, qui enleva à Aïn-Tsemsil trois mille prisonniers, quinze cents chameaux, trois cents chevaux et mulets chargés de butin, et seize mille têtes de bétail. Mais le fait dominant cette année fut la prise de la smalah d'Abd-el-Kader par le duc d'Aumale.

Ce prince, revenu en Afrique comme général de brigade, commandait la subdivision de Médéah. S'étant porté de ce point sur Boghar, le duc d'Aumale apprit que la smalah se trouvait aux environs de Goudjilah. Se mettant en route avec seize cents hommes d'infanterie, une section d'artillerie de montagne et cinq cents chevaux, il se porta sur le point indiqué. Arrivé à Goudjilah, de nouveaux renseignements le déterminèrent à diviser sa colonne, et avec sa cavalerie, une demi-section d'artillerie et les zouaves ayant leurs sacs sur des mulets, il se dirigea sur Taguïn, laissant au colonel Chadeysson l'ordre de le suivre avec deux autres bataillons et cinquante chevaux.

On a quatre-vingts kilomètres à faire sans eau ; mais on marche jour et nuit avec un courage égal à la fatigue et aux privations. Le 16, le prince fait une reconnaissance sans résultat, lorsqu'un de nos caïds, envoyé à la recherche de l'eau, arrive à bride abattue, annonçant que la smalah est campée aux sources même du Taguïn, à mille mètres au plus. Que faire? Les plus prudents conseillent d'attendre les zouaves du colonel Chasseloup; mais ce bataillon est encore à deux lieues en arrière, malgré toute la vigueur qu'il déploie. D'un autre côté, quelques traînards de la smalah ont signalé notre présence; encore une heure de retard et tout nous échappe. Le prince jette les yeux sur les braves cavaliers qui l'entourent; et voyant à leur tête les Morris, les Yusuf, les Dallonville, c'est-à-dire tout ce qu'on peut citer de plus brave, il prend une résolution digne d'eux et de lui, et commande : « En avant! » Les chasseurs se divisent en trois fractions, et le prince reste avec un peloton de trente gendarmes.

Cette charge fut irrésistible. Les guerriers ennemis, n'ayant pas eu le temps de se réunir, furent réduits à se défendre individuellement dans l'intérieur du camp. Les cris des femmes, les pleurs des enfants, le bruit des armes de tant de combats particuliers remplissaient l'air d'un horrible fracas, au milieu duquel se perdait la voix des chefs. Trop peu nombreux pour pouvoir envelopper cette immense population, nos officiers commandants font une coupure, et, laissant fuir une partie des Arabes, ils prennent le reste.

Les zouaves arrivèrent après avoir fait une marche des plus longues, presque toujours au pas gymnastique, et dès lors on put rassembler prisonniers et bestiaux et reprendre lentement la route de Boghar.

A cette époque de notre conquête, le champ des opérations militaires était si vaste et nos opérations si multiples, que nous renonçons à en suivre les détails pour nous borner aux principaux événements.

Une des grandes difficultés que présentait la poursuite d'Abd-el-Kader était la composition de colonnes assez légères pour rivaliser avec la vitesse de l'ennemi. Ce problème fut à peu près résolu par le colonel Yusuf, à qui sa grande connaissance des Arabes et du pays permit d'exécuter ce qui paraissait impossible.

Le 20 juillet, il partit de Boghar avec une colonne où tout était prévu pour qu'elle pût rester des mois entiers dans le

désert sans éprouver la moindre souffrance. Voici sa composition : cent zouaves montés sur des mulets ; une section
d'artillerie (conducteurs et canonniers montés) ; un détachement du génie également monté ; quatre cents chevaux
de chasseurs et spahis ; deux mille hommes de goums. Pour
convoi, huit cents chameaux portant quinze jours de vivres
pour la troupe ; trois mille autres chargés des tentes, des
vivres des Arabes et d'eau pour tout le monde.

Dans un combat des chasseurs contre les cavaliers rouges
d'Abd-el-Kader, le cheval du capitaine de Cotte fut tué. Son
trompette, nommé Escoffier, mettant pied à terre, lui offrit
son cheval en lui disant : « Prenez-le, car c'est vous et non pas
moi qui devez rallier l'escadron. »

Quelques instants après, ce généreux soldat était fait prisonnier par les Arabes, qui le traitèrent avec des égards en
dehors de leurs habitudes et qui ne pouvaient venir que d'un
sentiment d'admiration pour un si beau dévouement. Dans le
courant de l'année suivante, Escoffier fut racheté et reçut la
croix d'honneur.

Dès ce jour, Abd-el Kader, à bout de ressources, se dirige
vers le Maroc et évite autant que possible d'avoir affaire avec
nos colonnes.

Tous ses lieutenants n'eurent pas cette prudence. L'un
d'eux et le plus renommé, Ben-Allal, fut surpris à Assi-el-
Kerma par le colonel Tampoure, vit détruire son bataillon
de réguliers et fut tué lui-même par un brigadier de spahis
nommé Gérard. Ben-Allal était borgne ; sa tête fut portée
à Milianah et montrée à toutes les tribus qui ne voulaient pas
croire à la mort du conseiller intime d'Abd-el-Kader, son
meilleur homme de guerre, et après lui le personnage le plus
important et notre ennemi le plus acharné.

Le duc d'Aumale venait d'être nommé au commandement
de la province de Constantine, et l'on voit dès lors la modé-
ration et la justice remplacer la violence et les exactions qui
désolaient cette belle province. Son administration étant
réglée sur ces bases, il put songer aux choses de la guerre et
au rétablissement de notre autorité partout où elle était
méconnue. Il porta d'abord son attention et ses armes dans le
M'zab où un kalifa d'Abd-el-Kader, nommé El-Sghir, avait
fomenté une insurrection générale. Le prince se dirigea contre

lui à la tête de deux mille quatre cents hommes d'infanterie, six cents chevaux et trois pièces de montagne. Il eut un chaud et brillant combat à Méchoumèche, village perché dans une position formidable, au milieu de rochers et de bois touffus offrant une suite de retranchements naturels occupés par les Kabyles et les réguliers.

Les attaques de nos troupes ayant échoué contre un piton escarpé qui était la clef de tous les retranchements, le prince se met à la tête de quelques braves, monte lui-même à l'assaut, et enlève la position.

Ce ne fut pas le seul combat que le prince eut à livrer dans le sud de la province. Ils furent tous à son honneur et à notre avantage.

A l'époque de ces événements dans l'est de nos possessions, le général Marey-Monge faisait une expédition dans le désert. Le premier, il poussait jusqu'à Laghouat, en passant par Taghin, Tedjemout et Aïn-Mahidi.

Au milieu des combats de l'année 1843, se créèrent comme par enchantement Orléansville, Tenez, Tiaret, Theniet-el-Had, Oued-Rouina, Boghar, Kramis des Beni-Ourag, villes ou postes qui permettaient à nos colonnes de s'y ravitailler, de réagir au loin dans le pays, et de s'élancer dans le désert pour y poursuivre l'ennemi.

Le 3 juillet de cette année, le duc d'Aumale avait été fait général de division, en récompense de la prise de la smalah ; le 31 de ce même mois, le général Bugeaud fut élevé à la dignité de maréchal de France. Déjà, au mois d'avril, les généraux Changarnier et Lamoricière avaient été faits généraux de division, et le colonel Tampoure général de brigade.

CAMPAGNE DE 1844. — KABYLIE

Dès le commencement de 1841, le maréchal Bugeaud projetait de conquérir la Kabylie, pays difficile, habité par une race valeureuse que ni les Romains dans l'antiquité, ni les Turcs dans les temps modernes, n'avaient pu soumettre à leurs armes. Il avait soumis ses plans au gouvernement et demandé, en troupes et en matériel, les moyens qui lui étaient nécessaires pour accomplir ses projets.

Le gouvernement, qui n'aimait pas le maréchal Bugeaud pour raisons politiques, approuva ses plans, mais refusa les renforts demandés, comme il l'avait fait pour le maréchal Clauzel lors de la première expédition de Constantine, dans l'espoir inavoué, mais très transparent, que Bugeaud éprouverait en Kabylie un échec pareil à celui de Clauzel à Constantine, ce qui lui serait un moyen de se débarrasser de lui à la Chambre. Les ministres n'avaient pas assez compté sur la ténacité du maréchal Bugeaud et les ressources qu'il trouvait dans son esprit.

Il était convaincu que tant que cette partie importante de l'Algérie ne serait pas soumise, notre occupation ne serait que précaire. L'avenir devait lui donner raison ; et nous n'avons été réellement maîtres du pays que le jour où un de ses illustres successeurs, le maréchal Randon, a eu définitivement dompté les habitants de cette vaste contrée qui s'étend entre Delys et Philippeville, au nord, et Sétif au sud.

Sans enlever à ses lieutenants un seul bataillon qui pût leur être nécessaire, le gouverneur général partit d'Alger, le 29 avril, avec sept mille hommes de troupes éprouvées, auxquels se joignirent, sur l'Isser, quatre cents chevaux des goums, conduits par notre kalifa mahidin. Une proclamation sage et bienveillante avait été adressée aux Flissas, que nous devions soumettre les premiers ; mais Ben-Salem, qui dirigeait alors ces montagnards, en détruisit la salutaire influence. Il fallut combattre.

Le premier engagement sérieux eut lieu au passage du Boubarak et se prolongea jusqu'à Taourgha, grand village au centre de la ligne arabe. Cette ligne fut enlevée par nos bataillons, que le maréchal conduisit lui-même à l'assaut.

Le 17, vers trois heures du matin, les sacs laissés au bivouac, les hommes n'emportant que deux biscuits et la viande cuite dans la nuit, nos colonnes, observant le plus grand silence, gravirent la montagne. L'avant-garde, composée de deux compagnies de zouaves et de quelques sapeurs du génie, était près d'atteindre le sommet, lorsqu'ils essuient à bout portant une décharge qui leur tue vingt-deux hommes et en blesse quarante-cinq. Le capitaine Ducasse, du génie, a la cuisse cassée ; le capitaine Rampont, des zouaves, a la mâchoire fracassée ; le lieutenant Badille est mort ; l'intrépide capitaine Corréard a reçu trois coups de feu et ne veut pas quitter le combat. Un zouave, nommé Guichard, l'enlève malgré lui sur ses épaules et essaye de le porter en arrière. Deux Kabyles s'élancent sur lui; Guichard dépose son précieux fardeau, tue l'un d'un coup de feu, l'autre d'un coup de baïonnette; puis, reprenant son capitaine, il le porte assez loin pour le mettre à l'abri.

Tous les contingents de cette partie de la Kabylie étaient là et nos bataillons n'y arrivaient qu'avec beaucoup de peine, à cause de l'encombrement du sentier étroit et raide que nous suivions. On arrive enfin, et le combat change de face. D'attaqués, nous devenons agresseurs. La ligne ennemie est coupée, mais elle se reforme et se jette sur nous avec violence. Cette attaque des Kabyles se renouvela trois fois. A l'une d'elles, on se crut véritablement en danger, nous étions entourés d'un cercle de feu. Le maréchal, qui tenait tous ses bataillons sous la main, laissa les Arabes s'approcher le plus possible; puis, quand il vit qu'on pouvait les atteindre à la baïonnette, il nous lança au pas de course sur l'ennemi.

Ce fut un mouvement magnifique, que dominait la grande figure du gouverneur. Qu'il était beau à voir, la tête nue, debout sur un rocher, au milieu des balles, animant ses soldats du geste et de la voix, arrachant un clairon des mains d'un voltigeur et sonnant lui-même la charge à ses soldats enivrés par la lutte!

Les Kabyles ne purent pas tenir contre une pareille attaque; percés à coups de baïonnettes, poursuivis et atteints par nos balles, ils n'essayèrent même pas de s'arrêter sur leurs positions, et, franchissant la crête de la montagne, ils s'enfuirent sur le versant opposé. Telle fut la bataille de Ouarez-Eddin, l'une des plus longues, des plus opiniâtres et des plus meurtrières de la guerre africaine. Nous avions eu trente et un hommes tués et cent cinq blessés. Il était difficile d'évaluer les pertes de l'ennemi; mais ses huit cents cadavres laissés sur le terrain permettent de les estimer à douze cents hommes hors de combat. Cinquante bourgs ou villages furent brûlés, tous les jardins ravagés, et les auxiliaires firent un butin immense.

Ce fut le dernier combat de cette expédition. Ben-Salem s'enfuit du côté de Bougie, et les Kabyles, indignés de se voir abandonnés par leur chef, après qu'ils avaient montré la plus grande bravoure, qu'ils avaient vu tomber leurs plus intrépides guerriers, ruiner leurs vergers, incendier leurs villages, demandèrent l'aman.

Nous reprimes la route d'Alger, où le maréchal nous devança à la réception d'un courrier qui lui apportait de graves nouvelles de l'ouest.

MAROC. — ISLY

Le général Lamoricière, poursuivant Abd-el-Kader jusqu'à la frontière marocaine, mais s'arrêtant à Lalla-Maghnia, fournit

Garde-noir et chasseur d'Afrique.

à nos ennemis un nouveau prétexte de guerre. Abd-el-Kader, exploitant l'incident, persuada à Abderrhaman, empereur du Maroc, que nous avions violé le traité de 1837. Aux prédications de l'émir, le fanatisme, la haine du nom chrétien s'empare de tous les cœurs, la guerre sainte est déclarée dans le Maroc. Des troupes sont dirigées de tous les côtés de l'empire de l'ouest sur Ouichda. Lamoricière, de son côté, se maintient sur notre frontière, où il a un premier combat victorieux contre les Marocains. Le maréchal, à peine arrivé à Alger, en repartit en toute hâte pour Oran, où il était le 28 mai. Quelques jours après, il arrivait sur la frontière du Maroc. Par suite de l'échange de plusieurs lettres, une entrevue eut lieu entre le général Bedeau et El-Ghenaoui, caïd d'Ouchda. Le général français n'avait avec lui que quatre bataillons et six escadrons

Bataille d'Isly.

de cavalerie, tandis que le caïd s'était fait suivre d'une véritable armée : deux mille cinq cents cavaliers de la garde noire, six cents fantassins réguliers et deux mille Arabes irréguliers. Pendant que les deux plénipotentiaires s'entretenaient, le

6

général Bedeau fut insulté et menacé par les bandes maro-
caines. Remontant à cheval, il déclara la conférence rompue et
rejoignit ses bataillons, qui se mirent aussitôt en retraite. En
peu de temps nous fûmes entourés par un cercle serré de Marocains, qui nous couvrirent de leurs huées et finirent par nous
tirer des coups de fusil. Le maréchal, qui était resté au camp,
ayant été prévenu, monta à cheval et alla au-devant de son
lieutenant avec quatre bataillons. Arrivé auprès du général
Bedeau, il commande de toute la force de ses poumons aux
troupes que celui-ci conduisait : « Bataillons, halte et demi-
tour à droite. » Le maréchal forme ses huit bataillons en
échelons sur celui du centre et les dirige droit au cœur de
la masse ennemie.

A peine nous ébranlions-nous que notre cavalerie, lancée
comme un ouragan contre l'infanterie marocaine, lui passait
sur le corps, et, s'attaquant ensuite à la fameuse garde noire,
la rejetait sur nos échelons, qui la criblaient de feux.

C'était le prologue de la bataille d'Isly.

Dès le lendemain du combat d'Ouchda, Sidi-Mohamed, fils
d'Abderrhaman, s'était rendu non loin d'Ouchda, sur les bords
de l'Isly, et de tous les points de l'empire des troupes lui
étaient arrivées pour former une armée considérable. Le
maréchal, de son côté, avait reçu des renforts de France.
Le moment de frapper un grand coup lui paraissant arrivé,
il marcha à l'ennemi. Le 14 août, à la pointe du jour, nous
traversions l'Isly et nous étions en face du camp marocain.
Sidi-Mohamed déploya toutes ses forces pour nous combattre,
mais il fut accueilli avec tant de sang-froid et par une fusillade
si intense, que son attaque dut s'arrêter à mi-chemin. Alors,
sur un signe du maréchal, la cavalerie française fut lancée
contre l'ennemi; la terre trembla autour de nous, nous vîmes
nos escadrons passer comme des éclairs dans nos intervalles,
et bientôt un nuage de poussière les déroba à nos yeux. Le
rôle de l'infanterie avait été court et de peu d'importance;
celui de la cavalerie, au contraire, excessivement brillant.
Yusuf, à la tête du premier échelon, composé de six escadrons
de spahis soutenus par trois escadrons de chasseurs, était
entré le premier dans le camp des Marocains, après avoir
essuyé le feu de leur artillerie; il y avait sabré l'infanterie
ennemie, laquelle du reste avait montré la plus insigne lâcheté.

Tout avait été pris par les deux premiers échelons de notre cavalerie. L'orgueilleux Sidi-Mohamed laissait sur le champ de bataille trois mille morts, sa tente, son parasol de commandement et toutes les richesses éparses dans son immense camp.

Je ne fais pas l'histoire de cette guerre du Maroc; elle est connue de tout le monde. Chacun sait que, quelques jours avant que le maréchal Bugeaud détruisît l'armée d'Abderrhaman à Isly, le prince de Joinville renversait les villes de Tanger et de Mogador. Laissons la politique intervenir dans la question marocaine et suivons le maréchal qui, à peine rentré à Alger, dut reprendre le chemin de la Kabylie, où il eut à réparer le tort que nous faisait dans l'esprit des Flissas, soumis depuis à peine trois mois et de nouveau soulevés par Ben-Salem, un combat livré par le général Camou à Touargha, dans lequel nous avions eu vingt-six hommes tués et cent cinquante blessés, dont dix-sept officiers.

Le maréchal, arrivant chez les Flissas avec des forces suffisantes, attaqua l'ennemi dans les mêmes positions; et, après lui avoir infligé des pertes sérieuses, il consentit encore à leur pardonner leur manque de bonne foi.

Rentrant en France pour assister aux débats qui allaient s'ouvrir à la Chambre des députés, il reçut, au moment de son départ, le titre de duc d'Isly, juste récompense de son mérite et des services qu'il venait de rendre à la France.

CAMPAGNE DE 1845

L'année 1845 commença par une tragédie dont Sidi-Bel-Abbès fut le théâtre.

Le 30 janvier, le chef de bataillon Vinoy, qui y commandait, était sorti avec sa cavalerie pour faire une excursion aux environs du camp. L'infanterie y était restée, et les soldats vaquaient à leurs occupations habituelles, lorsqu'une troupe d'Arabes s'approcha des barrières en chantant des prières à la manière des inspirés. Ils demandèrent à parler au commandant supérieur, et les hommes de garde, tout en riant de leurs chants et de leurs grimaces, leur permirent d'entrer. Cependant, comme la foule se précipitait sur les pas des premiers, la sentinelle voulut l'arrêter : un coup de pistolet l'étendit raide mort, et les Arabes, tirant les armes qu'ils tenaient cachées sous leurs burnous, se répandirent dans le camp et se précipitèrent sur nos soldats. Six de ceux-ci furent d'abord tués, et trente-six autres, ainsi que trois officiers, reçurent de graves blessures.

Ce premier succès fut facile aux Arabes, à cause de la stupeur dont leur attaque avait frappé nos hommes ; mais, ce moment passé, ceux-ci courent aux armes et attaquent à leur tour leurs agresseurs. Les Arabes veulent fuir, mais la porte a été refermée ; ils sont pris dans le camp, et des cinquante-huit Ouled-Soliman qui y sont entrés, on relève cinquante-huit cadavres.

Au moment de l'attaque, un coup de canon avait été tiré comme signal de détresse ; le commandant Vinoy, revenant sur ses pas, tomba sur les femmes et les enfants dont les maris et les pères étaient venus chercher la mort dans la redoute de Sidi-bel-Abbès. Tout fut pris et emmené prisonnier.

BOU-MAZA

A cette époque correspond l'entrée en scène de Bou-Maza, *le père à la chèvre,* agitateur célèbre en son temps, beaucoup plus qu'il ne méritait de l'être.

Sidi-Mohamed, — c'était son nom, — descendait d'une tribu de marabouts marocains. Dès son enfance, il se crut destiné à de grandes choses et se prépara, par une vie ascétique, à l'avenir qui lui avait été prédit. Lorsqu'il eut vingt-trois ans, il fit son apparition sur le théâtre de la guerre, après avoir reçu d'un des chefs de la secte religieuse de Mouley-Abd-el-Kader ces paroles sacramentelles qui lui donnaient tous les pouvoirs spirituels et temporels : « Va ! Dieu est avec toi, tu es le maître de l'heure. »

Le premier fruit de ses prédications fut la mort, que nous venons de raconter, des cinquante-huit fanatiques tués dans l'enceinte du camp de Sidi-Bel-Abbès, sur lesquels il avait prononcé une formule qui devait les rendre invisibles aux chrétiens.

Dès ce moment, ce n'est pas la guerre qu'il nous fit, mais une suite d'assassinats qu'il commit sur des femmes, des enfants, sur deux soldats qu'il avait pris et qui furent brûlés vivants, sur un rocher, à notre vue.

Les Ouled-Riah étaient les plus féroces exécuteurs de ces atrocités. Poursuivis jusqu'au centre de leurs montagnes, ils échappaient à nos coups et même à notre vue en se réfugiant dans d'immenses grottes où ils avaient eu soin de cacher leurs familles avant de partir pour leurs déprédations.

Le colonel Pélissier, — mort maréchal de France, — fut chargé de réduire ce repaire d'assassins, mais il tenta vainement de les combattre ou de les déterminer à la paix ; sa poursuite et ses propositions furent sans résultat.

Le capitaine de Jouvancourt et le sergent Combet, envoyés vers eux sur la foi du drapeau blanc qu'ils avaient arboré à l'entrée de leur grotte, furent lâchement assassinés. Nos soldats frémissants poussaient des cris de fureur. Alors le colonel, exaspéré, prit le seul moyen possible de remplir sa mission. Des fagots de broussailles furent entassés à l'entrée des grottes, et on y mit le feu.

La fumée et la flamme pénétrèrent dans l'intérieur, et les plus fanatiques tuèrent ceux d'entre les Arabes qui tentaient de sortir. Enfin on put pénétrer dans la grotte, où l'on trouva cinq cents cadavres d'hommes, de femmes et d'enfants. Le colonel organisa promptement des secours pour ceux qui survivaient, au nombre de cent cinquante à deux cents, et la plus grande partie de ces malheureux furent rendus à la vie.

A la nouvelle de ces faits, il y eut un déchaînement formidable contre le colonel. La presse, qui n'avait pas eu un mot de pitié pour les femmes et les enfants égorgés par les Arabes, pour nos soldats brûlés vifs, trouva des accents miséricordieux pour nos assassins et indignés contre nous. Qu'avions-nous fait cependant? Ayant à nous défendre contre des bêtes féroces, nous avions usé des moyens qu'on emploie avec les bêtes féroces.

Quant à Bou-Maza, il était insaisissable. Quatre colonnes légères, commandées par le général d'Arbouville, le colonel Saint-Arnaud, le lieutenant-colonel Claparède et le commandant Canrobert, le traquaient comme on fait d'une bête fauve; ils ne purent jamais l'amener à un combat sérieux. Assas-

siner était sa spécialité, ainsi que l'éprouvèrent deux de nos
meilleurs caïds.

Enfin, abandonné de tous les siens, craignant de tomber
entre les mains d'Abd-el-Kader, qui lui eût fait couper la tête,
il se rendit, seul, au colonel Saint-Arnaud, et le gouvernement s'empressa de faire à cet intéressant personnage un
exil doré, prélude de celui dont on devait, deux ans plus
tard, gratifier Abd-el-Kader.

Les plus graves événements de cette année se passèrent
à la frontière ouest de nos possessions, où commandait le
général Cavaignac, ayant sous ses ordres deux régiments d'infanterie, 15ᵉ léger et 41ᵉ de ligne; deux bataillons de chasseurs,
8ᵉ et 10ᵉ; le second bataillon de zouaves; un régiment de
cavalerie, 2ᵉ hussards, et une batterie d'artillerie.

Mais, avant de raconter les rudes travaux de cette faible
division, esquissons la physionomie du général qui la commandait.

CAVAIGNAC

J'avais vu pour la première fois Cavaignac à Tlemcen, au
commencement de 1836, alors que, capitaine du génie, il
prenait le commandement de la troupe d'élite laissée au
Méchouar de cette ville par le maréchal Clauzel. Plus tard, je
l'eus pour lieutenant-colonel, pour colonel, pour général. Partout et toujours je l'ai trouvé le même, bon et affectueux
autant que brave et généreux, autant que capable. Son intelligence n'était pas prompte; sa bravoure n'était pas brillante;
mais s'il paraissait lent à comprendre et à décider, son jugement était toujours juste, ses résolutions sages et énergiques.
Cette réflexion constante, fruit d'une certaine lenteur d'esprit,
se traduisait dans son extérieur.

Son visage, aux traits osseux et saillants, avait ce cachet
de gravité qui indique la pensée. Sa parole était brève dans le
commandement, ses ordres clairs et précis; les plus grands
dangers le trouvaient toujours calme, je pourrais même dire
froid, et cette bravoure de glace, tout en n'étant pas aussi
communicative que le brio de Lamoricière ou de Changarnier, inspirait autant de confiance aux soldats.

Mais si son esprit avait quelque chose de lent et de froid, son cœur était prompt et brûlant; jamais une infortune ne l'a trouvé indifférent, jamais un malheureux ne s'est adressé à lui sans en être secouru. Il prévoyait les besoins de ses soldats et savait les prévenir. Je l'ai vu souvent venir en aide à des officiers qu'il savait sans fortune et qui avaient éprouvé des pertes en mulets de bât ou en bagages pendant nos longues et pénibles expéditions; mais il y mettait tant de délicatesse, que le bienfait leur arrivait sans qu'ils pussent découvrir de longtemps d'où il leur venait.

Voici un trait de lui qui l'honora grandement :

En organisant le bataillon du Méchouar, le maréchal Clauzel avait promis à tous les volontaires qui en faisaient partie le grade supérieur à celui qu'ils avaient en ce moment, et quand le général Bugeaud retira cette vaillante garnison, le ministre refusa de réaliser les promesses de Clauzel. Seul, le capitaine Cavaignac fut promu chef de bataillon. Cavaignac refusa, ne voulant pas une récompense personnelle lorsque ses compagnons étaient lésés dans leurs droits.

Après avoir offert sa démission, qui ne fut pas acceptée, après avoir adressé au ministère les réclamations les plus vives, qui ne furent pas écoutées, il demanda à être mis en non-activité, et alla se fixer auprès de son oncle, conservateur des hypothèques à Perpignan. C'est là qu'il se trouvait lorsque le duc d'Orléans traversa cette ville pour se rendre en Algérie, en 1840. Le prince, et ce lui sera un honneur, fit appeler le commandant Cavaignac et le pressa si vivement de renoncer à son inaction, que le commandant le suivit de près, et vint prendre le commandement du bataillon d'Afrique assiégé dans Cherchell par tous les Kabyles des Beni-Menasser.

SIDI-BRAHIM

De même qu'un grondement sourd se répand dans l'atmosphère à l'approche d'un orage, des signes lugubres annonçaient de graves événements : les officiers des bureaux arabes étaient assassinés, des colons massacrés, des fermes brûlées. Le général Lamoricière, qui faisait l'intérim du gouvernement

général en l'absence du maréchal Bugeaud, ne se trompait
pas sur ces pronostics. Il avait recommandé au général Cavaignac de se tenir sur ses gardes, et celui-ci redoublait de
vigilance.

En effet, au mois de septembre, Abd-el-Kader, qui, pour
échapper à nos colonnes, s'était réfugié dans le Maroc, venait
de franchir notre frontière, entraînant à sa suite les Msirda,
les Soualia et les Traras. Cavaignac courut au-devant de lui
avec le peu de forces qu'il avait disponibles, et, pendant
qu'il fermait·notre frontière sur un point, il apprenait deux
désastres sur l'autre.

Le premier fut celui de Sidi-Brahim, où le 8ᵉ bataillon de
chasseurs à pied et un escadron du 2ᵉ hussards, tombés dans
une embuscade par la faute du brave mais trop téméraire
colonel de Montagnac, furent massacrés par Abd-el-Kader.
Le second eut lieu près d'Aïn-Temouchen, par la reddition
sans combat de deux cents hommes, sous les ordres du lieutenant Marin, en qui le général avait eu trop de confiance.

A la nouvelle de l'invasion d'Abd-el-Kader, le général Lamoricière s'était empressé d'en donner avis au maréchal Bugeaud
en le priant de revenir au plus vite, puis il se rendit à Oran,
d'où il arriva à Tlemcen avec un renfort de quatre mille fantassins et de sept cents cavaliers. Le 9 octobre, nous reprîmes
l'offensive, et Abd-el-Kader fut rejeté dans le Maroc. De là il
s'en fut dans le désert, avec l'intention de percer notre ligne
au nord par un point que nous ne garderions pas suffisamment.

Nous avions en ce moment quatorze colonnes en mouvement, et chacune d'elles, espérant prendre Abd-el-Kader,
redoublait de vigueur et de rapidité. Mais l'émir, parfaitement
servi par ses espions, échappait non seulement à nos coups,
mais même encore à notre vue. Une seule fois (le 23 décembre)
il put être atteint par le général Yusuf, auquel avec ses huit
cents cavaliers il put livrer un combat sérieux, qu'il ne termina par la fuite qu'après avoir mis ses bagages en sûreté.

Ainsi finissait l'année 1845; elle avait été remplie par des
événements d'une telle gravité, que l'on s'était cru un moment
reculer aux époques de 1840 et 1841.

CAMPAGNE DE 1846

Après avoir été forcé de faire un grand détour dans le sud pour échapper à nos généraux, Abd-el-Kader avait réussi à gagner la Kabylie. Le maréchal, pensant que de ce point l'émir pouvait tenter une pointe dans la Mitidjah, se rendit à Boghar, d'où il prescrivit des mesures de précaution à ses lieutenants. Forcé de renoncer à ses projets sur la Mitidjah, Abd-el-Kader se rejeta sur la province de Titery et rasa les tribus entre Boghar et Bérouakia. Ce fut un coup de main sans grand résultat pour notre ennemi : atteint par le colonel Camou, qui se trouvait non loin de là, il dut fuir, laissant derrière lui son convoi (bêtes de somme, bestiaux, etc.).

Après cette affaire du 7 mars, le colonel Camou opéra sa jonction avec le général Yusuf, qui se mit à la poursuite d'Abd-el-Kader vers Gouiga. A cinq heures du matin, on était en présence du camp d'Abd-el-Kader, mais à ce moment l'alerte avait été donnée. Une petite troupe de cavaliers s'en échappait avec toute la vitesse imaginable. Là se trouvait l'émir lui-même, surpris, hors d'état de résister, confiant son salut à la vitesse de son cheval, et laissant derrière lui tentes, bagages, mulets et gens de pied, dont les apprêts de fuite se faisaient en désordre.

Le général Yusuf continua à poursuivre Abd-el-Kader avec une rare énergie. Lui ayant dérobé trois jours de marche en bivouaquant sans feu, il était arrivé à la petite ville de Zamina, que le général châtia vigoureusement pour avoir accueilli notre ennemi. Abd-el-Kader se jeta alors dans le Djebel-Amour, d'où il gagna le Maroc, poursuivi sans relâche par le colonel Renaud.

Pendant que ces événements se passaient au centre de nos possessions, le général Levasseur, faisant une expédition dans la province de Constantine, fut assailli au défilé du Djebel-Ben-Taleb par un ouragan glacial, accompagné d'une neige épaisse qui le mit en danger de perdre sa colonne par une de ces catastrophes que l'imagination a de la peine à admettre en Afrique, et qui semblent réservées au climat du nord. Sa colonne était réduite presque à rien lorsqu'elle arriva à Sétif, le 4 au soir. On crut d'abord avoir à déplorer des pertes immenses, mais elles se réduisirent à une centaine d'hommes morts de froid et de besoin. Les Arabes en sauvèrent un grand nombre qu'ils ramenèrent successivement à Sétif, après leur avoir donné tous les soins d'une généreuse hospitalité.

Revenons maintenant à la frontière ouest.

Les tribus réunies sur cette frontière formaient un total d'environ huit cents tentes que le général établit sur les bords de la Sika, sous la protection du colonel de Mac-Mahon.

MAC-MAHON

Puisque ce nom revient sous ma plume, esquissons quelques traits de l'illustre maréchal.

La première fois que je le vis, ce fut à l'assaut de Constantine, et je le retrouvai au col des Mouzaïa, en 1840. A cette époque, une heureuse inspiration lui fit quitter l'état-major, où il était chef d'escadrons, pour passer dans l'infanterie, et le duc d'Orléans le choisit pour commander un des bataillons de chasseurs qui portèrent son nom lors de leur création.

Il ne s'est pas fait une expédition sérieuse en Algérie sans que Mac-Mahon y ait pris une part éclatante, et les régiments qui, comme les 41ᵉ et 9ᵉ de ligne, l'ont eu pour colonel, regardent l'époque de son commandement comme la plus belle page de leur historique.

Ce n'était pas seulement sa brillante bravoure qu'on admirait; on était en outre séduit par sa générosité, sa délicatesse et sa bonté. Nous le regardions comme le survivant des types les plus aimés de la chevalerie. Tel il était alors, tel il est resté toute sa vie; on disait même avec raison que ses belles qualités grandissaient avec sa situation militaire. Son heureuse intervention sur le champ de bataille de Magenta fixa sur nos drapeaux la victoire près de nous échapper; et la prise de Malakoff lui permettrait d'ajouter, à la devise de sa noble maison, celle-ci qui lui appartient en propre : *J'y suis, j'y reste !*

MASSACRE DES PRISONNIERS. — SIDI-EL-FADEL

À l'époque où nous sommes de nos récits, nous eûmes des nouvelles de nos pauvres camarades prisonniers d'Abd-el-Kader par un chasseur du 8ᵉ bataillon qui était parvenu à s'échapper de la Deira, alors établie sur la rive gauche de la Malouïa, sur le territoire marocain. Le général Cavaignac résolut de tenter d'enlever par un coup de main les prisonniers et la Deira. Par une marche de quarante-huit heures, sans arrêt, nous nous portâmes sur le point indiqué par Bernard ; mais, n'y trouvant rien, nous revînmes en toute hâte sur nos pas, pour que les Arabes ne pussent pas constater notre violation du territoire marocain.

Hélas ! le matin même de notre pointe, la Deira avait été reculée de dix lieues à l'ouest de la Malouïa. Dans cette marche, Bou-Hamedi, qui commandait là, fit tuer six pauvres prisonniers trop malades pour pouvoir suivre le convoi.

Ce crime était le prélude de l'égorgement qui devait avoir lieu, quelques jours après, des deux cents soldats prisonniers restant à la Deira, les officiers étant conservés dans l'espoir d'une bonne rançon.

Mustapha-ben-Tamy, alors chef de la Deira, embarrassé des prisonniers tant à cause de leur nourriture que par crainte des tentatives de nos colonnes pour les délivrer, consulta son maître, qui lui répondit par l'ordre de les mettre à mort. Abd-el-Kader a prétendu qu'il n'avait pas donné un ordre positif ; c'est possible, mais, quelque ambigu que fût cet ordre, Ben-Tamy le comprit parfaitement et se conforma à la pensée plus ou moins déguisée de son maître. Un seul homme échappa au massacre, le nommé Roland, clairon du 8ᵉ chasseurs. Ayant deviné, à certains manèges et à quelques mots, que la vie des prisonniers était menacée, il parvint à s'échapper au commencement de la nuit où ses camarades furent égorgés pendant leur sommeil. Roland nous rejoignit à Nedroma.

Pendant que ce drame atroce se passait au Maroc, un intermède héroï-comique se jouait aux portes de Tlemcen. Le grand

premier rôle arabe se nommait Sidi-el-Fadel. Il se disait
chargé par Allah de purger la terre d'Afrique de la présence
des infidèles. « Je suis, écrivait-il au général Cavaignac, l'image
de Jésus ; je suis Jésus le ressuscité, ainsi que tout le monde
le sait, croyant en Dieu et en son prophète. »

Il avait envoyé sommer le général d'évacuer Tlemcen dans
les vingt-quatre heures. Cavaignac, ayant appris que l'ambas-
sadeur du nouveau prophète avait abusé de sa mission pour
prêcher la révolte aux Arabes habitant la ville, le fit pendre
à une pièce de canon du Méchouar, et marcha au-devant de
Fadel.

Nous n'eûmes pas beaucoup à marcher pour le rencontrer.
A six kilomètres de Tlemcen, sur le plateau de Ternit, nous
le trouvâmes prêt à combattre. Ses forces se composaient de
deux à trois mille fantassins et de douze cents cavaliers. Sans
attendre que toutes ses troupes fussent arrivées sur le plateau,
le général les fit charger par le 2e hussards et les gendarmes
maures, pendant que le 15e léger tournait leur droite pour
qu'ils ne pussent pas s'échapper par les bois qui sont au-dessus
de Ternit. Ce fut l'affaire d'une heure au plus de combat, au
bout de laquelle il ne restait d'autres Arabes sur le terrain que
quatre cents cadavres abandonnés.

Le 31 mai, les colonnes Blangini, Camou et Yusuf rentraient
à Alger, après une expédition de plusieurs mois dans le Djebel-
Amour. La colonne de Yusuf offrait un coup d'œil aussi original que pittoresque ; elle ramenait cinq cent cinquante
chevaux livrés par les insurgés au général Yusuf. Ils étaient
depuis longtemps entre les mains du bataillon de zouaves,
ainsi transformé en un corps de cavalerie des plus singuliers.
Quelques jours après, ce bataillon partait avec son colonel,
M. de Ladmirault, pour aller fonder le poste d'Aumale.

Le 12 juin, quelques Harars amenèrent à Tiaret un jeune
homme âgé de vingt-deux ans, nommé Beauprêtre, dont les
aventures sont assez émouvantes pour mériter d'être rap-
portées.

Il venait de Cherchell à Tenez avec deux ouvriers, lorsque,
le 21 novembre 1845, il fut enlevé près de cette dernière ville
par un parti d'Arabes. Ceux-ci le conduisirent à Bou-Maza,
qui le donna ensuite à Abd-el-Kader, non loin de Tiaret. De
là on le mena dans le Maroc, où il fut réuni dans un douar

à dix-huit autres Français, colons ou soldats., prisonniers. Le douar était près de la Malouïa. Il y resta enchaîné avec un soldat du 32e depuis son arrivée en décembre 1845 jusqu'au 28 mai 1846. Ce jour-là, il crut comprendre qu'un ordre était venu de massacrer les prisonniers pendant la nuit ; il fit part de ses soupçons à son camarade de chaîne et tous deux réussirent à s'évader. A quelque distance du douar, ils s'arrêtèrent pour briser leurs fers avec des pierres ; puis ils continuèrent à marcher. Le troisième jour, exténués de faim et de fatigue, ils allèrent se rendre aux Arabes dans un douar.

Un marabout voulut leur faire prononcer le symbole de la foi musulmane ; ils s'y refusèrent, et le soldat du 32e fut immédiatement décapité. Beauprêtre allait subir le même supplice ; il paraissait résigné, et on voulut, sans doute, lui donner le temps de la réflexion en remettant son supplice au lendemain. Il profita du sommeil de ses gardiens pour s'enfuir. Sur son chemin, il trouva un mulet mort qui lui fournit des vivres pendant deux jours. Enfin il arriva près de Frenda et tomba épuisé de fatigue et de faim auprès d'un douar des Harars, qui nous le ramenèrent comme je l'ai dit en commençant.

Tous ceux qui entendirent le récit de cette terrible odyssée furent profondément touchés de l'élévation des sentiments religieux avec lesquels le jeune Beauprêtre racontait, sans exagération et avec un grand calme, comment devant le cadavre mutilé de son compagnon d'infortune il refusa, à son exemple, de prononcer la profession de foi musulmane.

Vers le commencement de novembre, le commandant de Cognor et ses compagnons d'infortune furent rachetés des Arabes moyennant quarante mille francs de rançon payés par les soins du général d'Arbouville. Ce fut M. Durande, officier du vapeur *le Véloce,* qui fut chargé de ce rachat avec l'aide du commandant de Mellila, possession espagnole sur la côte nord du Maroc. Le 26 novembre, la balancelle qui portait ces pauvres libérés arriva à Nemours, où notre colonne se trouvait sous les ordres de Mac-Mahon. Ils étaient dix hommes et une femme ; un banquet leur fut offert, mais neuf seulement s'y assirent ; le dixième resta sous sa tente : c'était le lieutenant Marin, le triste héros de Aïn-Temouchen.

Arrivé à Oran, ce malheureux fut traduit devant un conseil de guerre, dont l'arrêt capital fut annulé par la Cour de cassation. Depuis lors je n'ai plus entendu parler de Marin, qui avait été mon excellent camarade aux zouaves.

Dans le courant de décembre, le général Cavaignac nous fit passer sur le champ de bataille de Sidi-Brahim. En arrivant à l'extrémité du plateau où avait été détruite la colonne Montagnac, il fit déployer deux bataillons sur une seule ligne et sur un rang; et, le fusil en bandoulière, chaque homme ramassa les ossements qui se trouvaient épars sur ce terrain à jamais célèbre, puis tous ces débris d'hommes, d'armes, d'équipements et de vêtements furent déposés dans une immense fosse creusée par le génie et des travailleurs de l'infanterie.

Lorsque cette fosse fut pleine, qu'on eut la certitude que tout avait été bien recueilli, on couvrit cet ossuaire de terre et de gazon. Les bataillons allèrent se reformer en arrière du point d'arrivée, et le général, faisant mettre la baïonnette au canon et le sabre à la main, commanda le défilé, qui s'exécuta en colonnes par bataillons en masse, au port d'armes, et les tambours battant aux champs.

Quand le centre de la colonne fut arrivé à hauteur de l'ossuaire, elle s'arrêta, fit face à droite et exécuta un déploiement sur le bataillon du centre. Après cela, toute la ligne présenta les armes à l'ossuaire, l'artillerie tira une salve de ses canons, et l'infanterie exécuta des feux de peloton.

Que ce spectacle était beau et touchant! Comment rendre les impressions qui se peignaient sur nos visages hâlés par les bivouacs, amaigris par les fatigues, mais empreints de cette ardeur que donnent une douleur et un ressentiment longtemps contenus!

CAMPAGNE DE 1847. — LES OASIS. — REDDITION D'ABD-EL-KADER

L'année 1847 fut marquée par deux faits capitaux qui amoindrissent l'intérêt des opérations de guerre. Ce sont le remplacement du maréchal Bugeaud par le duc d'Aumale et la reddition d'Abd-el-Kader.

Notons cependant, comme fait militaire, la première apparition de notre drapeau au delà du Goor, ou petit désert, jusqu'à la ligne des kours (villages) qui court de la frontière du Maroc à celle de la Tunisie, parallèlement au Sahara, ou grand désert.

Ce furent les généraux Renault et Cavaignac qui eurent l'honneur de ces entreprises hardies et le bonheur de les conduire à bonne fin. Comme j'appartenais à la division Cavaignac, c'est son itinéraire que je suivrai le plus rapidement possible.

Ce fut dans les derniers jours d'avril que Cavaignac partit de Tlemcen pour son expédition, emmenant avec lui trois bataillons d'infanterie, six escadrons de cavalerie et une section d'artillerie de montagne. Il prit en outre, à Daya, quatre compagnies d'élite de la légion étrangère. Un convoi considérable nous assurait des vivres pour deux mois, et quinze cents chameaux portaient des tonnelets remplis d'eau. Rien n'avait été négligé par le général pour assurer le succès de son entreprise, atténuer les souffrances du soldat et améliorer sa position.

Nous traversâmes le Goor, vaste plaine dont la végétation n'offre que de rares espèces de plantes. A peine existe-t-il, à de grandes distances, quelques puits et quelques sources. En avançant vers le sud, nous passâmes entre le Chott-el-Gharbi et le Chott-el-Chergui, vastes dépressions de terrain auxquelles aboutissent les eaux pluviales des terrains environnants ; conséquemment, pleins en hiver, à sec en été. Dès ce moment, plus de végétation ni plus d'eau. A huit jours de marche des Chotts, nous eûmes quatre degrés de froid et de la neige. Alors tout le monde arbora un petit voile vert qu'on nous avait donné pour nous garantir du sable soulevé par le vent. Ce voile nous fut d'un précieux secours ; car, dès que le soleil apparut, nos yeux, n'ayant rien pour les reposer de cette blancheur éclatante, en souffraient extrêmement.

Enfin nous atteignîmes la zone des oasis. Cette zone est coupée de montagnes de sable, arides, sans aucune végétation, que le vent peut dans un jour transformer et changer de place.

A des distances plus ou moins grandes, des sources sont dans le sable ; tout autour l'herbe verdit, les grenadiers s'élèvent, la vigne grimpe sur leur tronc, des moissons se balancent au souffle de la brise, des dattiers s'élancent vers le ciel ; on a une oasis, île fortunée dans un océan de sable.

Au milieu, un ksar ou village, formé de maisons basses et

agglomérées, presque sans air et sans lumière, entouré d'une muraille flanquée de tours et percée d'une ou de deux portes excessivement basses. La pierre n'entre pour rien dans ces constructions; la boue en fait tous les frais, mêlée de paille hachée et séchée au soleil. L'oasis tout entière est entourée d'une muraille, également flanquée de tours, du haut desquelles des veilleurs guettent constamment pour signaler les maraudeurs.

Qu'on se figure une colonne exténuée de fatigue, mourant de soif, les yeux brûlés par le soleil et le sable, arrivant tout à coup dans ce paradis terrestre qu'une fée semble avoir fait surgir devant vous. Rien ne prépare à cette heureuse transition; vous êtes dans le sable jusqu'aux genoux; vous faites un pas, et vous foulez la verdure.

Nous visitâmes successivement les oasis d'Assela, Tiout, Mograr-Tatani, Mograr-Fokani, Aïn-Seffra et Siffisifa, punissant les oasis qui nous étaient hostiles, et livrant ainsi quelques combats peu sérieux.

La colonne rentra à Tlemcen à la fin de mai, après deux mois de courses qui permirent de faire une carte exacte de ces contrées, que nous occupons définitivement aujourd'hui.

Pendant cette expédition jusqu'aux limites du Sahara, le maréchal Bugeaud avait été rappelé en Kabylie par une insurrection de la puissante tribu des Beni-Abbès, fière d'avoir dans le temps infligé, par une attaque de nuit, un véritable désastre aux Turcs, qui avaient tenté de les soumettre. Ils essayèrent de la même tactique; mais leurs ennemis n'étaient pas les mêmes, et leur fusillade, d'une durée de quatre heures, ne parvint pas à faire broncher une seule de nos grand'gardes.

Le lendemain, le maréchal prit l'offensive, et, à la fin d'une grande bataille qui dura toute la journée, la tribu des Beni-Abbès, qui domine toute cette contrée par sa force et par son industrie, était ruinée, ses villages incendiés, ses vergers arrachés, ses manufactures d'armes et de poudre détruites, ses plus braves guerriers tués.

Nos pertes, dans cette journée, furent de cinquante et un hommes tués ou blessés, dont cinq officiers.

Le maréchal, ayant accordé l'aman aux débris des Beni-Abbès, rentra à Alger, et de là en France, d'où il ne devait plus nous revenir.

Le 3 octobre, le duc d'Aumale arrivait pour la sixième fois à Alger. Il y venait avec le titre de gouverneur général, et ce fut avec enthousiasme que l'armée et la population civile reçurent ce jeune prince, dans lequel chacun voyait une garantie de prospérité pour la colonie. Ces espérances venaient

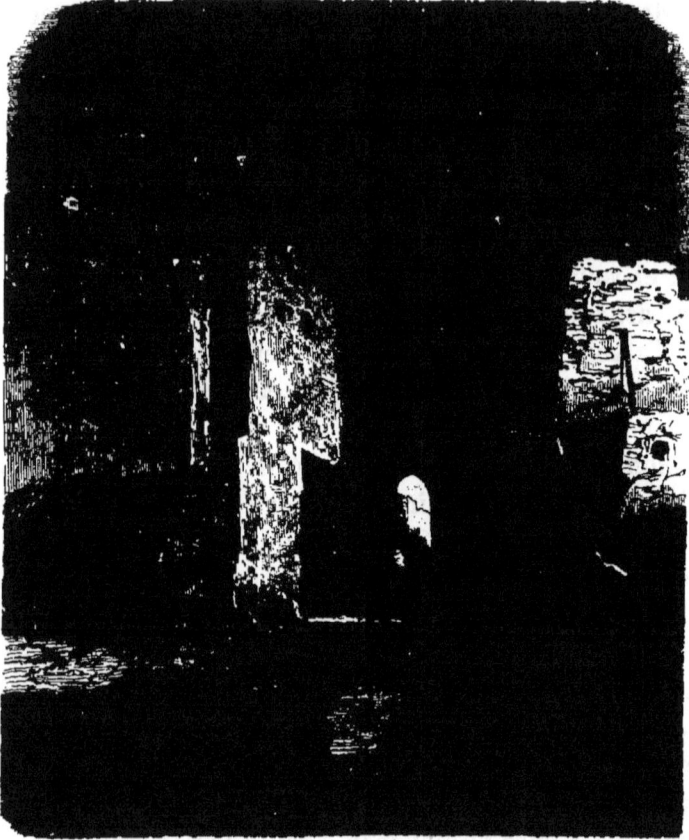

Ksar dans une oasis.

autant de sa qualité de fils du roi, que des preuves de bravoure et de sagesse qu'il avait données dans la guerre et dans l'administration des provinces qui lui avaient été confiées.

Le grand drame qui depuis quinze ans se déroulait en Algérie allait avoir son dénouement. L'heure approchait où Abd-el-Kader, pressé d'un côté par nos troupes, de l'autre par les Marocains, n'aurait plus qu'à choisir auquel de ses deux ennemis il se rendrait. Nous allons le voir préférer se remettre entre les mains des Français, des chrétiens, qu'en celles de ses coreligionnaires, rendant ainsi un solennel hommage à la nation contre laquelle il luttait depuis si longtemps.

Vers le milieu de l'année, Abd-el-Kader et Abderrhaman s'étaient déclaré la guerre. L'empereur de l'ouest avait envoyé des forces contre son ennemi, qui après plusieurs combats, les uns heureux, les autres malheureux, se trouva acculé presque seul sur la rive gauche de la Malouïa, dont Lamoricière bordait la rive droite. Ses plus fidèles et ses plus braves avaient été tués ou l'avaient abandonné; sa smalah était venue se rendre, se mettant sous notre protection. Seul, errant par une nuit pluvieuse et profonde, il cherchait un passage pour gagner le désert, où il espérait refaire sa fortune, lorsqu'il donna dans un poste de spahis commandé par le lieutenant indigène Mohamed-ben-Kouïa, envoyé par le général au col de Kerbous, seul point par lequel l'émir espérât passer.

Entre Abd-el-Kader et notre lieutenant s'établit un colloque à la suite duquel l'émir offrit de se rendre, s'en remettant à la générosité des Français. Ben-Kouïa envoya un de ses cavaliers informer le général de ce qui se passait. Celui-ci envoya son sabre à Abd-el-Kader, en signe de consentement, comme notre ennemi lui avait envoyé son cachet en signe de soumission.

Le rendez-vous fut fixé au lendemain, 23 décembre, au marabout de Sidi-Brahim, théâtre du plus grand succès d'Abd-el-Kader. Il y fut reçu par le colonel de Montauban, à la tête de cinq cents cavaliers de son régiment (2e chasseurs d'Afrique) rangés en bataille, rendant les honneurs militaires, sabre en main et les trompettes sonnant leurs fanfares. Le général Lamoricière arriva en même temps, et l'on prit la route de Nemours, où le prince gouverneur général venait d'arriver.

A six heures il était introduit auprès du prince. Conformant ses démarches à sa fortune présente, il déposa humblement ses sandales sur le seuil, attendit un signe du prince pour s'asseoir, et après un moment de silence il parla ainsi (l'interprète, M. Rousseau, traduisant) :

« J'aurais voulu faire plus tôt ce que je fais aujourd'hui ; j'ai attendu l'heure marquée par Dieu. Le général m'a donné une parole à laquelle je me suis fié ; je ne crains pas qu'elle soit violée par le fils d'un grand roi comme celui des Français; je demande son aman pour ma famille et pour moi. »

Le prince confirma par quelques paroles simples et précises les promesses de son lieutenant, et congédia cet homme si remarquable à tant de titres.

Le lendemain, comme le duc d'Aumale venait de passer la revue de la cavalerie, qui retournait au camp, l'ex-sultan se présenta à lui à cheval. Ayant mis pied à terre à quelques pas du prince : « Je vous offre, lui dit-il, ce cheval, le dernier que j'ai monté. C'est un témoignage de ma gratitude; je désire qu'il vous porte bonheur.

— Je l'accepte, lui répondit le prince, comme un hommage à la France, dont la protection vous couvrira désormais, et comme signe de l'oubli du passé. »

L'émir salua ensuite avec dignité, et retourna dans son camp, dressé sur la cour de l'hôpital. Dans la soirée du même jour, il fut embarqué avec sa femme, ses enfants et ses serviteurs sur le *Solon*, qui le porta, le 25, en rade de Mers-el-Kébir, en même temps que le prince et le général Lamoricière. Une frégate était en rade depuis la veille; le transbordement se fit immédiatement, et deux heures après Abd-el-Kader était en route pour Toulon.

CAMPAGNES DE 1848 ET 1849. — EXIL DES PRINCES. — REDDITION D'ACHMED-BEY

L'Algérie ne jouit pas longtemps de la sage administration du duc d'Aumale; au mois de mars 1848, la révolution exila le vainqueur d'Abd-el-Kader, comme celle de 1830 avait banni le vainqueur d'Alger.

Le prince et la princesse de Joinville étaient venus passer quelque temps auprès de leur frère, lorsque la nouvelle du cataclysme politique leur parvint. En ce moment, ces princes étaient en position de balancer la fortune des révolutionnaires parisiens; l'armée d'Afrique, nombreuse et aguerrie, portée par l'escadre du prince de Joinville, dévouée à son amiral, pouvait débarquer sur un point quelconque de la France, et marcher sur Paris, où la province l'eût suivie. Les deux frères n'en eurent même pas la pensée. Soumis au décret de l'Assemblée nationale, plus encore à ceux de la Providence, le duc d'Aumale recommanda par une proclamation l'obéissance aux lois, et donna lui-même l'exemple de cette obéissance en quittant Alger pour se rendre en Espagne, par la même route que Bourmont avait prise en 1830.

Le jour de leur départ, le temps était mauvais, il pleuvait, les rues étaient remplies de boue, et dans ces rues passait ce qu'on peut appeler le convoi de la bravoure et de la loyauté. Le vainqueur de la smalah et du Ziban et le héros de Saint-Jean d'Ulloa et de Mogador suivaient à pied la rue de la Marine, donnant la main à leurs enfants, tandis que le général Changarnier et un autre haut fonctionnaire tenaient à leur bras la duchesse d'Aumale et la princesse de Joinville.

Bien que l'heure du départ des nobles exilés eût été tenue cachée, tout ce qu'Alger possédait d'officiers était accouru pour leur faire cortège. Étrangers aux cruelles exigences de la politique, nous ne comprenions pas qu'on privât ces fils de la France de mourir sur son sol; nous gémissions sur le sort de ces enfants, nés du sang le plus illustre, condamnés sans crime et sans jugement à ne plus être Français, et de grosses larmes venaient malgré nous mouiller nos paupières.

Vers le milieu du mois de mars, le général Cavaignac arriva à Alger et prit le gouvernement général. A son arrivée, les folies et les saturnales que Changarnier avait énergiquement comprimées pendant ses quelques jours d'intérim éclatèrent de plus belle; les énergumènes républicains voulurent déboulonner la statue que la reconnaissance de la colonie avait élevée au duc d'Orléans sur la place du Gouvernement. Cavaignac voulut parlementer, mais il dut reconnaître bientôt qu'il n'y avait pas moyen de faire entendre raison à des fous, et la force dut intervenir pour empêcher cette sorte de sacrilège. Après cela, le calme se fit peu à peu et le second bataillon de zouaves alla rejoindre le premier, occupé à bâtir la ville d'Aumale.

Le 3 juin, nous apprîmes la reddition d'Achmed, ex-bey de Constantine. Réduit depuis longtemps à un état voisin de la misère, abandonné par le plus grand nombre de ses partisans, l'ex-bey n'était parvenu à se soutenir dans son insoumission que par les secours en vivres et en argent que lui fournissaient régulièrement quelques habitants de Constantine rêvant son retour. L'arrestation de six principaux de ses amis dans cette ville lui prouva que la surveillance de l'autorité française ne lui laisserait pas la plus petite ressource. Il se décida alors à se constituer prisonnier. Il alla finir sa vie dans une petite ville d'Italie où il avait demandé l'autorisation de se fixer.

Pendant cette période politique plus que militaire, l'Algérie avait eu sept gouverneurs généraux, en y comprenant le duc d'Aumale, et l'on s'étonnerait que les affaires de la colonie n'aient pas prospéré! Heureusement l'esprit de l'armée n'eut pas à souffrir de tous ces changements et, sans s'occuper du nom du chef suprême de l'Algérie, nos généraux et chefs de colonnes réprimaient toutes les tentatives d'insurrection.

Le général Mac-Mahon dans la province de Tlemcen, le général Camou dans celle de Milianah, le général Herbillon dans celle de Constantine, opéraient victorieusement contre les chefs plus ou moins influents qui tentaient d'agiter le pays. Il nous faut aussi signaler les expéditions du général Blangini, dans le Djurjurah, et celles des généraux Salles et Saint-Arnaud, dans la région de Bougie. Mais bientôt une campagne plus sérieuse vint faire oublier ces expéditions; nous allions avoir à faire le siège de Zaatcha.

ZAATCHA

Dans les derniers jours du mois de mai 1849, un officier du bureau arabe, M. Séroka, étant en tournée dans le Ziban, apprit qu'un certain Bouzian, l'un des plus riches habitants de Zaatcha, se donnait comme envoyé du prophète, et, à ce titre, soulevait les populations contre nous. M. Séroka crut bien faire de mettre un terme aux prédications de ce visionnaire. Il entre à Zaatcha avec quelques cavaliers, trouve Bouzian se promenant sur la place et lui donne l'ordre de le suivre. Celui-ci feint d'obéir; mais il brise son chapelet et se met à en ramasser les grains. M. Séroka le fait alors jeter sur un mulet et se dispose à l'enlever. Dans ce moment, une émeute générale éclate dans le village ; on court aux armes et on ferme la porte. L'officier et ses gens ont toutes les peines du monde à l'enfoncer pour rejoindre, au milieu des coups de fusil, les hommes de l'escorte, non sans courir de graves dangers et en perdant leurs montures.

Le colonel Carbucia, qui rayonnait dans le pays, instruit de ces faits, jugea nécessaire d'aller venger l'affront fait à M. Séroka. Arrivé le 10 juillet dans l'oasis, il lança sa colonne contre le village et fut repoussé avec des pertes sérieuses. Il dut se replier sur Batna. Le général Herbillon prit à son tour la route de Zaatcha avec des forces bien plus considérables, dont faisait partie le bataillon de zouaves venu d'Aumale, et portant avec lui le choléra.

Zaatcha est une bourgade au milieu d'une forêt de palmiers, sous laquelle se trouve une autre forêt d'oliviers, figuiers, grenadiers, couvrant de leur ombrage une troisième couche de végétation à fleur de sol. Tout cela est coupé de canaux d'irrigation, parsemé de maisons en briques crues, qui semblent des monceaux de terre. Les jardins sont entourés de murailles en pisé ; enfin, autour de Zaatcha règne un fossé plein d'eau.

C'est dans cet inextricable labyrinthe qu'il fallait se guider ; c'est cette formidable forteresse, dont la nature avait fait tous les frais, qu'il fallait emporter.

Les 8, 9 et 10 octobre, on fit des reconnaissances et des travaux d'approche, où nous eûmes trois officiers tués et neuf blessés, vingt-neuf sous-officiers ou soldats tués, et soixante-dix-huit blessés. Le colonel Petit, du génie, était parmi les officiers tués.

Le 20 octobre, un assaut fut tenté, sans autre résultat que des pertes sérieuses pour nous. Enfin, le 8 novembre, des renforts étant arrivés, on repoussa vigoureusement deux sorties des assiégés.

Le 15, près de l'oasis d'Ourtal, nous battîmes complètement les nombreux contingents arabes qui venaient au secours de Bouzian. Deux cents des leurs restèrent sur le terrain ; les tentes, les chameaux, des moutons par milliers leur furent enlevés. De notre côté, nous avions sept tués et cent dix blessés.

Mais la dernière heure de Zaatcha allait sonner. Dans la nuit du 25 au 26 novembre, des prolonges et des charrettes furent jetées dans le marais qui entoure le ksar, en face des brèches que le canon et la sape avaient faites à la muraille. Le 26, à huit heures du matin, le marais et les brèches furent franchis par trois colonnes, aux ordres des colonels Canrobert, de Barral et de Lourmel, tandis que le commandant Bourbaki complétait, avec son bataillon de tirailleurs indigènes, l'investissement encore inachevé.

En montant à l'assaut, le colonel Canrobert harangua ses zouaves : « Mes amis, leur dit-il, souvenez-vous que, quoi qu'il arrive, il faut que nous montions sur ces murailles, et que si la retraite sonne, elle ne sonne pas pour les zouaves. » Puis, mettant le sabre à la main, il en jeta au loin le fourreau, en ajoutant : « Nous n'en avons pas besoin aujourd'hui. » Si l'élan des troupes fut admirable, la résistance des Arabes fut tout ce que nous promettait la ténacité avec laquelle ils nous arrêtaient depuis six semaines devant leur ksar. Il y eut cent combats sanglants sur les carrefours, dans les rues, dans les maisons, auxquelles il fallut successivement donner l'assaut. Pas un des fanatiques compagnons de Bouzian ne demanda quartier ; tous jusqu'au dernier se firent tuer les armes à la main. Bouzian se fit ensevelir dans sa maison, avec ses deux fils et le chériff Si-Moussa, agitateur du sud de Médéah, qui s'était jeté dans la place quelques jours auparavant. Nos pertes furent de quarante tués et cent cinquante blessés. Les officiers y étaient dans un nombre disproportionné avec les hommes de troupe.

La chute de Zaatcha ayant amené la soumission de tout le Ziban, le colonel Canrobert fut envoyé dans l'Aurès pour faire rentrer dans le devoir la ville de Nara, qui s'était mise en état de révolte. Nara fut enlevée d'emblée, et le colonel reçut, à la suite de ce brillant fait d'armes, les étoiles de général de brigade.

Parvenu à ce point de mes récits, le moment me semble convenable d'esquisser quelques traits de la physionomie du maréchal Canrobert, aussi légendaire de son vivant que les maréchaux de l'épopée impériale après leur mort.

CANROBERT

Dans l'espace de sept ans, de 1842 à 1849, nous avions eu
quatre colonels aux zouaves, MM. de Ladmirault, d'Aurelle
de Paladine, Cavaignac et Canrobert. C'est beaucoup pour si
peu de temps, preuve que ces messieurs étaient mûrs pour
les étoiles de général quand ils venaient aux zouaves.

Si l'on n'avait pas abusé du mot *homme antique,* je dirais
que le maréchal Canrobert est de ceux-là. Je l'ai connu
presque au début de sa carrière, au 47ᵉ, où n'étant encore
que lieutenant il passait pour un des meilleurs officiers de
ce régiment. La solidité de son esprit le faisait rechercher par
les anciens, tandis que l'égalité de son caractère et la bonté
de son cœur ralliaient la jeunesse autour de lui. Bientôt, à
ces causes d'une sympathie générale vinrent se joindre les
éclats d'une bravoure qui marque chaque pas de cette glorieuse carrière de combats, commençant sur les bords du Sig
et finissant à Saint-Privat.

Je ne raconterai pas la vie militaire du maréchal Canrobert ; elle est connue de l'armée, de la France et de l'Europe
entière. Je ne parlerai que de notre colonel de 1849, de celui
qui avait mérité de ses soldats le nom de *Père,* que si peu de
chefs ont partagé avec lui, et qui devait recevoir une consé-
cration solennelle dans les tranchées de Sébastopol.

L'affection de ses subordonnés allait si loin que, dans un
combat en Kabylie, pendant qu'oublieux de lui-même il
restait à cheval au milieu des balles et recommandait à ses
zouaves de bien s'embusquer, un sous-lieutenant, sans égard
pour la discipline, lui cria : « Mais, au nom du ciel, mettez-
vous vous-même à l'abri, ou bien nous sortons tous de nos
embuscades. »

N'étant encore que chef de bataillon au 5ᵉ de chasseurs à
pied, il avait des missions importantes. Le gouverneur n'hé-
sitait pas à lui confier l'administration de cercles très agités
et le commandement d'une de ces colonnes que nous avons
vues sillonner pendant deux ans le Dahara et la vallée du

Chéliff, et compter le nombre de leurs combats par celui de leurs jours de marche.

Le maréchal Bugeaud, bon juge en la matière, faisait le plus grand cas du jeune commandant, dont il prévoyait le glorieux avenir. La France sait comment celui qu'on appelle Canrobert tout court, tant il est populaire, a réalisé les prévisions de son illustre maître.

LAGOUAT

Les années 1850 et 1851 furent des années de petites luttes continuelles et générales sur tous les points de l'Algérie, en Kabylie surtout. Une douzaine de colonnes au moins furent constamment en mouvement, sans que nos possessions fussent sérieusement menacées. Partout surgissaient des agitateurs, des prophètes, des maîtres de l'heure, gens de peu, se faisant suivre facilement par des populations idiotes, et disparaissant dans leur obscurité première au moindre contact avec nos troupes ; mais il n'y avait plus de ces hommes puissants par leur génie, leur naissance ou leur richesse, qui avaient groupé autour d'eux des forces disparates et même opposées entre elles, pour en faire un faisceau capable de nous résister pendant vingt ans. Abd-el-Kader et le bey de Constantine avaient disparu de la scène ; il n'y avait plus que des comparses ; ce n'était pas une agglomération de tribus que nous avions à combattre, mais des tribus isolées qu'il nous fallait punir du manquement à leur foi, cent fois jurée et cent fois violée. De là cet état permanent et général de courses par monts et par vaux, qui nous épuisaient, et de combats insignifiants qui nous coûtaient toujours quelques hommes.

Nos lecteurs auraient beaucoup de peine et peu de profit à suivre nos vingt colonnes dans les milliers de sentiers de la montagne et de la plaine. Voilà pourquoi je franchis d'un bond 1850 et 1851 pour arriver à 1852, à Lagouat, terme — momentané, du moins — que nous avons fixé pour nos récits d'Algérie.

Mais, avant de marcher à notre nouvelle conquête, notons qu'au mois de mars 1852 il fut créé trois régiments de zouaves, auxquels les trois bataillons de l'ancien corps servirent de noyau. Le 1er régiment, colonel Bourbaki, resta dans la province d'Alger; le 2e, colonel Vincy, alla dans celle d'Oran; le 3e, colonel Tarbouriech, dans celle de Constantine.

Lagouat reconnaissait notre domination depuis le jour où il fut visité pour la première fois par le général Marey-Monge. Rien de bien sérieux n'était venu troubler cet état des choses, lorsque le chériff d'Ouergla tourna ses vues vers cette ville, s'y créa un parti et tenta de s'en emparer.

Le général Yusuf, qui se trouvait alors à Djelfa, se hâta d'accourir au secours de Lagouat, et son approche décida la retraite de Ben-Abdallah, qui, du reste, s'était vu fermer les portes de la ville par le parti qui lui était hostile, et fut contraint de se diriger sur le Djebel-Amour.

Poursuivi par l'infatigable Yusuf, il fut atteint, le 19 novembre, à El-Keig, où il perdit deux cents hommes tués, deux mille chameaux et vingt mille moutons, pris par nos troupes.

Pendant ces événements, des troubles voisins de la guerre civile sévissaient à Lagouat entre nos partisans et ceux du chériff. Ces derniers, ayant eu le dessus, chassèrent les représentants de notre autorité et appelèrent Ben-Abdallah.

Yusuf, informé de ces faits, se porta aussitôt sur Lagouat, et son avant-garde ayant été reçue à coups de fusil, il s'établit sur une bonne position, pour y attendre les ordres et les renforts qui ne pouvaient pas tarder à lui arriver. C'était un trop habile homme de guerre pour renouveler la faute énorme commise par Carbucia à Zaatcha.

Sur les ordres du gouverneur général Randon, le général Pélissier arriva, le 1er décembre, devant Lagouat, à la tête de huit bataillons, huit escadrons, quatre obusiers de montagne et deux de campagne.

Le 3, il reconnaissait la place et faisait enlever un marabout dont la possession était de la dernière importance. Il resta en notre pouvoir après un vif combat, où fut tué l'un des meilleurs officiers des zouaves, le capitaine Bessières.

Dans la nuit du 3 au 4, l'artillerie fut mise en batterie et ouvrit la brèche. Le 4, à la pointe du jour, les généraux Bouscarens et Yusuf guidaient leurs colonnes à l'assaut des remparts. Ce furent les mêmes scènes, les mêmes traits de courage qu'à Zaatcha; mais, comme Zaatcha, Lagouat succombait après un brillant combat de remparts, de rues et de maisons. A midi, le drapeau du 2e zouaves flottait sur la casbah de la ville.

Nos pertes furent sensibles, moins encore par le nombre des braves qui succombèrent dans cette lutte que par leur position et les qualités qui les distinguaient. En première ligne se trouvait le général Bouscarens. Une balle lui avait brisé la cuisse ; l'amputation ayant été jugée indispensable, il en reçut la nouvelle avec un calme et une résignation admirables. « Que la volonté de Dieu soit faite ! » dit-il simplement. Le général succomba après l'opération.

Le chériff échappa à la destruction de ses partisans. Blessé de deux coups de feu et laissé pour mort, il fut recueilli par les gens d'un de ses adhérents, qui parvinrent à l'emporter hors de la ville. La nuit suivante, quatre cents hommes, qui étaient parvenus à se cacher dans les jardins, vinrent déposer leurs armes, et, plus heureux qu'à Zaatcha, nos soldats purent sauver la vie à plus de douze cents femmes et enfants.

Un seul grand fait militaire domine l'époque qui suivit la prise de Lagouat : c'est la glorieuse campagne à la suite de laquelle le maréchal Randon soumit entièrement la Kabylie, réalisant ainsi le rêve de son illustre prédécesseur, Bugeaud.

DEUXIÈME PARTIE

L'ACTION RELIGIEUSE

CONSIDÉRATIONS GÉNÉRALES

Il existe entre le prêtre et le soldat un lien que Dieu lui-même a formé pour l'exécution de ses desseins sur l'humanité. Ce lien est fait de courage, de résignation, d'abnégation, de dévouement jusqu'au sacrifice.

Ceux-là vont donc contre les vues de la Providence, qui dans leurs entreprises séparent le prêtre du soldat ; leurs projets échouent ou éprouvent de longs retards d'exécution, dont les esprits superficiels peuvent seuls s'étonner.

C'est pour avoir méconnu cette vérité que, malgré la puissance de la France, le talent de ses généraux et la bravoure de ses soldats, la colonisation algérienne est si lente à s'opérer, qu'à l'heure actuelle, soixante et un ans après la prise d'Alger, le gouvernement et le parlement sont à la recherche des moyens les plus propres à tirer notre conquête de sa léthargie. Quant à rechercher les causes de cet état morbide, ni parlement ni gouvernement n'en ont cure ; personne n'y songe, parce que tout le monde y trouverait sa part de responsabilité. Ce que nos gouvernants et nos hommes politiques n'osent pas faire, je le tenterai, moi, vieux soldat de la conquête ; je ferai sortir la vérité des faits dont j'ai été témoin, et que nos hommes politiques n'aiment pas à se rappeler.

Le seul parti à prendre, au lendemain de la conquête, était de nous assimiler les Arabes, de nous efforcer de rendre à leur pays sa splendeur des premiers siècles de l'ère chrétienne. C'est évidemment le dessein de Dieu ; sans quoi pourquoi nous aurait-il donné la victoire ?

L'avons-nous fait ?

Il y a trois choses devant lesquelles l'Arabe s'incline, parce qu'il voit en elles des manifestations de la puissance divine : la force, la justice et le culte religieux. Vingt ans de luttes meurtrières lui ont prouvé que nous avions la force ; mais pendant vingt ans aussi il s'est demandé où était notre culte. Aujourd'hui encore il cherche notre justice sans la trouver, puisqu'on l'opprime, on le dépouille, on le vole, aujourd'hui comme il y a trente ans, ou quarante ans. La forme de l'exaction a seule varié ; de brutale qu'elle était, elle s'est faite hypocrite : le fond reste toujours le même, c'est l'injustice.

Des trois choses devant lesquelles l'Arabe s'incline, nous avons développé la première dans la première partie de ce livre, intitulée L'ACTION MILITAIRE. *La justice,* quoique d'essence divine, devient ici une question économique, en dehors conséquemment de notre sujet. C'est donc du culte catholique que nous nous occuperons spécialement dans cette deuxième partie, pour justifier son titre : L'ACTION RELIGIEUSE.

ÉTAT DU CULTE EN ALGÉRIE APRÈS 1830

L'armée remplissait sa mission : elle rouvrait à la civilisation une vaste contrée illustrée jadis par les génies les plus puissants du christianisme, et plongée depuis lors dans les ténèbres épaisses de l'islamisme.

Le soldat faisait son devoir ; mais le collaborateur que la Providence lui a assigné était retenu sur la rive française de la Méditerranée.

Lorsque, après la révolution de juillet 1830, le drapeau blanc partit pour l'exil, la croix le suivit. Les successeurs de Bourmont ne firent rien pour la retenir ; à peine si un ou deux prêtres restèrent, cachant leur caractère et adorant en secret le signe de notre rédemption. Ce silence dura un an.

Le 1er mai 1831, jour de la fête du roi, le général Ber-

thezène, alors commandant de l'armée d'Afrique, jugea bon
de revenir aux anciennes pratiques. Après la revue des troupes,
il y eut, dans une pauvre petite chapelle, une messe militaire.
C'était, depuis le maréchal Bourmont, le premier acte religieux auquel les Arabes nous eussent vus assister, eux que
notre indifférence choquait extrêmement, et non sans raison.

N'avaient-ils pas été témoins de la constance des esclaves
chrétiens dont nous venions de briser les fers? La tradition ne
leur avait-elle pas transmis l'histoire de nombreux martyrs
ayant couronné par une mort héroïque, dans les bagnes d'Alger,
la confession inébranlable de leur foi? Cette tradition leur
avait appris le nom de saint Vincent de Paul, esclave ramenant
dans le sein de l'Église son maître rénégat, et celui du prêtre
lazariste que, lors du bombardement d'Alger par Duquesne,
le bey fit attacher à la bouche d'un de ses canons et lancer, avec
le boulet, sur la flotte française. Elle leur avait encore enseigné
que, tandis que les gouvernements chrétiens laissaient dans
les fers un grand nombre de leurs sujets, la religion, qui veille
toujours comme une tendre mère sur le sort de tous ses
enfants, envoyait dans les bagnes barbares ses Pères de la
Merci porter des consolations à ces malheureux, soulager leurs
souffrances et les délivrer de la captivité.

Une autre année se passe sans culte extérieur; on dirait que
l'effort d'une messe militaire a épuisé la sève religieuse chez
nos gouverneurs généraux.

Cependant il arrive trois ou quatre prêtres de Malte et des
Baléares, à la suite des indigènes de ces îles accourus dès le
lendemain de la conquête; et en 1832, sous le gouvernement
général du duc de Rovigo, la mosquée d'Hassen devient église
catholique.

« Cette mesure, dit un écrivain de cette époque, affecta
moins les musulmans qu'on n'aurait pu le croire. » Propos
qui pourrait paraître naïf, si on ne le savait calculé. Les Arabes
ne pouvaient pas trouver mauvaise l'affectation d'une de leurs
mosquées au culte chrétien, eux qui nous reprochaient, non
pas d'être chrétiens, mais de n'avoir pas de culte. Non, ce
respect ridiculement affecté pour les croyances musulmanes
n'était qu'un voile jeté par nos gouvernants sur leur scepti-
cisme. N'oublions pas que nos ministres d'alors étaient, à
divers degrés, imbus de la philosophie du XVIII⁰ siècle, et

qu'ils avaient assisté, impassibles, au pillage de l'archevêché de Paris ainsi qu'aux saturnales de Saint-Germain-l'Auxerrois.

En supposant même que cette crainte d'offenser les Arabes fût sincère, elle prouverait la profonde ignorance du caractère des vaincus d'hier chez leurs vainqueurs, car les musulmans n'étaient nullement hostiles à la prédication de l'Évangile ; ce n'est pas contre eux que les évêques algériens ont eu à lutter, mais contre les bureaux ministériels ; et si les illustres prélats, NN. SS. Dupuch, Pavy et Lavigerie, ont été parfois en désaccord avec les non moins illustres maréchaux Pélissier et Mac-Mahon, c'est que ceux-ci obéissaient en soldats à des ordres qu'ils maudissaient au fond du cœur. Nulle part autant qu'en Algérie le clergé et l'armée n'ont été plus unis ; nulle part le prêtre n'a montré plus d'affection pour le soldat, ni le soldat plus de respect pour le prêtre.

Vraie ou affectée, l'ignorance, chez nos gouvernants, du caractère et des mœurs arabes fut la cause de l'ostracisme dont on frappa le culte catholique. Affectée, elle était odieuse ; vraie, elle était impardonnable. Il n'est pas permis, en effet, d'ignorer que si le lien religieux est le seul qui unisse les Arabes, pour lesquels l'idée de nationalité et de patrie n'existe pas, ce lien est excessivement relâché. Le Coran est bien le livre commun de tous les musulmans, mais il a eu des commentateurs qui en ont plus ou moins altéré la doctrine. De là, les nombreuses sectes qu'on signale chez les musulmans ; de là aussi les degrés divers d'attachement de ces sectes à la religion que leurs vainqueurs leur imposèrent jadis, lors de l'invasion des Arabes, au VIIe siècle, car avant cette époque le nord de l'Afrique était une chrétienté des plus florissantes. De là encore, l'oblitération plus ou moins grande du culte primitif, suivant que l'impression de ce culte avait été plus ou moins profonde chez les ancêtres.

Il est une partie de l'Algérie, la plus importante de toutes, la Kabylie, où ces nuances frappent les yeux les moins attentifs. Elle est la moins infestée du fanatisme musulman, et cela s'explique par ce fait que cet immense massif montagneux, tant par la configuration de son terrain, inaccessible à la cavalerie, force principale sinon unique des envahisseurs, que par le courage de ses habitants, a échappé à la domination des conquérants successifs de l'Algérie, et n'a jamais été soumis que par nos armes. L'islamisme n'a pénétré dans la Kabylie que par influence, porté par quelques familles de marabouts venus de l'ouest, point de départ de ces descendants des Almoravides. Il n'y a donc rien d'étonnant à ce que l'on considère généralement les Kabyles ou Berbères comme ayant gardé quelque chose du sang chrétien de leurs ancêtres, et qu'on explique ainsi leur indifférence relative pour le Coran, comme leur tolérance pour les choses touchant au christianisme. « Nos ancêtres ont connu les chrétiens, disait un chef kabyle au général Bedeau ; plusieurs étaient fils de chrétiens, et nous sommes plus rapprochés des Français que des Arabes. » De fait, plusieurs tribus ont conservé la croix comme tatouage sur leur front. Il nous semble donc naturel que la Kabylie ait été si hospitalière aux sœurs et aux *Pères blancs* implantés là par le cardinal Lavigerie, et que les écoles ainsi que les maisons de secours de cette congrégation y fassent des progrès chaque jour croissants.

Si des considérations générales nous passons aux faits, nous serons convaincus que le plus grand obstacle à la diffusion de l'Évangile, conséquemment à la prospérité de notre grande colonie, n'est pas venu des indigènes de l'Algérie, mais du gouvernement siégeant à Paris.

Je vais donc entreprendre le récit des faits dont j'ai été témoin, en suivant l'ordre chronologique des épiscopats.

MONSEIGNEUR DUPUCH

Huit ans se passèrent dans l'état d'atonie religieuse que nous avons signalé. Ce ne fut pas la colonie française qui l'en tira, mais l'armée. La colonie, composée de Français en majeure partie véreux, et d'étrangers ayant eu maille à partir avec la justice de leur pays, ne songeaient nullement aux besoins de leur âme, absorbés qu'ils étaient par la passion du lucre, et n'avaient même pas le sentiment d'un culte nécessaire. Mais l'armée, chez laquelle le besoin de Dieu est développé par la pensée de l'éternité, qui à chaque instant peut s'ouvrir devant elle, pesa sur les fluctuations du gouvernement.

Un de nos principaux officiers, écrivant au nom de cette

armée privée depuis neuf ans de tout secours spirituel,
s'adressait en ces termes au chef de l'État : « Si la patrie a
le droit de dire à ses enfants : Donnez-moi, dévouez-moi votre
vie, et s'ils ne peuvent la lui refuser, s'ils la lui donnent avec
transport, ils ont bien le droit à leur tour de lui répondre :
Avec le pain du corps, donnez-moi celui de l'âme. » Le gouvernement comprit alors la nécessité de recourir au concours
de la religion, s'il voulait réellement faire œuvre de colonisation en Algérie, et il nomma évêque de notre colonie
Mgr Dupuch, dont les mérites lui avaient été signalés par
Mgr Dupanloup, alors vicaire général de Paris.

Mgr Dupuch avait trente-neuf ans lorsqu'il reçut ce grand
honneur et cette lourde charge sous laquelle, hélas ! il devait
succomber.

Préconisé à Rome le 13 septembre 1838, le premier évêque
de l'Église renaissante d'Afrique arrivait le 30 décembre à la
métropole de son évêché. Il était reçu au débarcadère par le
colonel Marengo, commandant la place d'Alger, quatre prêtres
qui formaient tout le clergé de la colonie, et quelques sœurs
de Saint-Joseph de l'Apparition. Bientôt le pauvre cortège
se grossit à la nouvelle qu'un évêque venait d'arriver, et
Mgr Dupuch, se rendant à l'unique église de la ville, était en
quelque sorte porté par les flots des Espagnols, des Italiens
et des Maltais, tombant à genoux pour lui demander sa bénédiction. Nombre de Français aussi étaient accourus sur son
passage. Entré dans son palais épiscopal, il y reçut immédiatement les autorités de la ville. A leur tête était le maréchal
Valée, gouverneur général, et l'on y distinguait le cadi et le
muphti d'Alger.

Le maréchal Valée voua dès ce moment à l'évêque la plus
sincère affection. Le cadi, suivi de deux doctes musulmans,
s'approcha, et, après avoir considéré tantôt le nom de Dieu,
écrit en arabe sur les murs du palais, tantôt la croix pasto-
rale de Mgr Dupuch, il prit les mains du pontife et lui dit en
les serrant affectueusement : « Nous savons que tu nous aimes
et que tu aimes les pauvres. N'est-ce pas que tu ne fais pas
de distinction entre ceux de notre culte et ceux du tien ?...
— Oui, répondit Monseigneur, je regarderai les pauvres, non
pas avec les yeux, mais avec le cœur. »

Le muphti, à son tour, adressa au prélat ce compliment

flatteur : « Nous étions dans les ténèbres, tu as paru, le soleil a brillé sur nous. Je prie Dieu de t'accorder la force d'accomplir ta mission. » L'évêque répondit avec non moins de grâce : « Je prie Dieu que le soleil luise pour toi sans nuages ; qu'il soit l'image du soleil de justice, de vérité et de charité. »

Quelles durent être les pensées de Mgr Dupuch lorsque, seul avec Dieu dans son oratoire, il considéra la tâche que la Providence venait de lui imposer ? Un immense territoire, mais un désert ; là où il y avait autrefois trois cent cinquante diocèses, des milliers d'églises et d'innombrables fidèles, un seul évêché, une mosquée transformée en église à Alger, et deux misérables chapelles à Oran et à Bône ; quatre prêtres et autant de langues différentes que de populations diverses. Il lui faudrait des ressources inépuisables en personnel et en argent ; il fera appel au clergé de France, qui l'entendra ; mais bientôt la méfiance du gouvernement prendra ombrage de ce mouvement apostolique, il en arrêtera l'essor ; et, comme s'il n'avait créé l'évêché d'Alger que pour leurrer les catholiques, il usera envers l'évêque de la plus odieuse et de la plus misérable parcimonie. Qu'importe ! Plein d'une généreuse ardeur, il commence son œuvre par l'adoption de pauvres enfants abandonnés. Le maréchal Valée demande à concourir à cette première fondation, et le saint-père, Grégoire XVI, veut lui-même y participer.

La Providence ne devait pas être insensible à tant de dévouement ; elle lui envoya, comme auxiliaire, M. l'abbé Suchet, dont le nom vénéré est devenu légendaire dans toute l'Afrique. Curé de Saint-Saturnin de Tours, il abandonna sa paroisse au premier appel de Mgr Dupuch, qui lui confia l'administration de la province de Constantine, où nous allons le suivre pendant que Mgr Dupuch part lui-même d'Alger pour aller visiter son vaste diocèse.

L'ABBÉ SUCHET

En 1839, deux ans après la prise de Constantine, il n'y avait pas encore de prêtres dans cette ville, chef-lieu d'une province où les colons étaient rares, il est vrai, mais où il y avait de nombreuses troupes auxquelles l'exercice de leur culte était nécessaire. Arrivé à Bône le 10 novembre 1839, 'abbé Suchet est reçu dans cette ville par le général Guingré, qui le comble de prévenances et l'entoure d'honneurs. Il trouve dans cette ville un prêtre catholique, il lui en laisse un second comme vicaire et poursuit sa route sur Constantine, escorté par l'escadron de chasseurs d'Afrique, à la tête duquel s'était mis le général Guingré lui-même.

Il est reçu à Constantine par le général Galbois, commandant de la province, qui lui fit l'accueil le plus franchement cordial et voulut lui faire partager sa table et son logement, qui était le palais du bey.

M. l'abbé Suchet a laissé des lettres dont la publication a été un heureux événement. C'est à ces lettres que nous recourons pour donner une idée de son apostolat dans cette province. Le jour de Pâques, il célèbre la messe en inaugurant son église avec toute la pompe possible. « Les Arabes vont en foule à ses cérémonies ; ils paraissent stupéfaits de tout ce qu'ils voient, de tout ce qu'ils entendent ; ils prennent de l'eau bénite, se mettent à genoux comme les chrétiens et remuent les lèvres quand ils voient prier. Ils sont très curieux, et veulent qu'on leur rende raison de tout ce qu'il y a dans l'église. Le dimanche de Pâques, les grands personnages des pays de toute la vaste province de Constantine, avec les chefs du grand désert du Sahara, s'étaient donné rendez-vous dans notre église. Ils furent émerveillés de la tenue de nos militaires, de la musique et surtout des ornements dont j'étais revêtu en disant la sainte messe. Ils écoutèrent avec la plus grande attention le petit discours que je fis, comme s'ils avaient compris. Je parlai beaucoup d'eux, et les interprètes leur rendirent fidèlement mes paroles ; ils s'épuisaient en remerciements après la messe, et versaient des larmes de joie en me baisant les mains. Ils voulurent que je leur expliquasse ce que c'était que cette croix de *Sidn-Aïssa* (Jésus-Christ), cette petite statue de *Leha-Mariem* (la sainte Vierge); puis le confessionnal, les fonts baptismaux, l'autel, etc. A toutes les explications que je leur faisais, ils répondaient : *Melile bezzef* (c'est très bon), *Allah ïazekoum* (que Dieu nous aime!) »

Le 1er mai, jour de la fête du roi, la messe fut célébrée en plein air, sur les bords du Rumel. Tous les grands dignitaires indigènes et notables de la ville et de la province voulurent accompagner le général et son état-major dans le carré des troupes, tout auprès de l'autel. Ils s'inclinèrent tous, comme les Français, au moment de l'élévation.

« Jamais pareil spectacle, ce me semble, n'a été donné à la terre d'Afrique, » ajoute M. l'abbé Suchet. C'était vrai en ce moment ; mais à partir de cette époque nous verrons ces cérémonies religieuses se renouveler en expédition, toutes les fois qu'une occasion solennelle s'en présentera, et que les généraux, hors de toute contrainte, pourront laisser libre essor à leurs sentiments chrétiens.

Quand les indigènes voyaient les religieuses, ils demandaient comme une grande faveur la permission de baiser la croix qu'elles portent sur leur poitrine ; et les mères disaient à leurs petits enfants : « Baise *Sidn-Aïssa,* il te portera bonheur. » Quand une sœur entrait dans une maison, c'était une fête. On rassemblait tous les esclaves, tous les enfants, toute la famille. Tous jetaient des cris de joie ; le mari et la femme, — car les musulmans distingués n'avaient qu'une femme, — la prenaient chacun par une main, qu'ils baisaient avec respect ; les enfants lui baisaient les bras et les esclaves le bas de sa robe : c'était un véritable culte qu'ils rendaient à la marabotha (à la sainte). Le femme du hakem disait à une sœur qui parlait un peu l'arabe : « Vois-tu, je t'aime plus que Mahomet. Si tu t'en vas, je mourrai ; je sais comment on fait pour mourir. »

Certains jours, une députation d'Arabes nomades, ayant à leur tête le *Cheik-el-Arab* (le grand chef du désert) et le jeune neveu d'Achmet-Bey, se présenta à M. l'abbé Suchet pour le prier, avec les plus vives instances, d'aller au désert soigner les malades, pour faire parmi leurs tribus ce que marabouts et maraboutes chrétiens faisaient à Constantine. Le bon abbé eut le regret de devoir se refuser à leurs vœux ; mais en partant ils lui dirent qu'ils reviendraient souvent le renouveler, et nous pouvons ajouter qu'ils tinrent parole.

Oui, ce serait une grave erreur de croire le prêtre odieux aux Arabes ; ils l'ont, au contraire, en grande vénération ; ils viennent à lui avec empressement, il est pour eux le représentant de la divinité. « Il m'est arrivé plusieurs fois, sans armes, sans escorte, écrit un prêtre algérien, de parcourir le désert, de m'égarer au milieu des tribus, et, je le déclare ici

hautement à l'honneur des Arabes, jamais il ne m'est arrivé,
même dans notre catholique Bretagne, de rencontrer un accueil
plus cordial et plus empressé. « Le prestige du ministre du culte
catholique est si bien établi au sein des tribus nomades, que
je n'hésite pas à prétendre que, même dans les temps de
troubles et de révolte, un prêtre, pourvu qu'il fût connu comme
tel et qu'il pût se faire comprendre, pourrait, sans rien craindre
pour sa vie, pénétrer au milieu des territoires insurgés. Le
fait suivant le prouvera :

Un jour, en 1848, revenant d'Oum-Ieboul, revêtu d'un
burnous et monté sur un beau cheval du directeur de la
mine, le vicaire général de Constantine fut poursuivi par des
Arabes armés, sortant de dessous un pont où ils s'étaient embusqués. Leur dessein était de le tuer afin de s'emparer de
sa monture. Tout à coup ils changèrent d'avis et laissèrent
aller le voyageur. A quoi dut-il son salut? A sa qualité de
prêtre exclusivement. En effet, ces maraudeurs le couchaient
en joue quand, par un trait de la Providence, la brise de mer
souleva le burnous du cavalier et laissa apercevoir sa soutane.
A cette vue, les Arabes reconnurent le prêtre et aussitôt ils
mirent bas les armes, disant : *Houa Marabot* (c'est un homme
consacré à Dieu).

ÉCHANGE DE PRISONNIERS

Partant de Constantine avec M. l'abbé Suchet, suivons-le
dans le cours de sa mission apostolique, où il déploie une
activité et un dévouement qui n'ont d'égaux que sa charité,
et parmi ses actions les plus remarquables citons le premier
échange des prisonniers, qui fut réellement son ouvrage.

C'était après 1840, année fertile en événements militaires
que nous avons racontés dans la première partie de ce livre.
Abd-el-Kader était refoulé au delà du Sahel, de la Mitidjah,
de la province du Titteri et de la vallée du Chéliff. C'est dans
ce moment que l'évêque d'Alger remporta sa victoire, victoire
unique dans les annales algériennes, glorieuse pour la religion, aussi douce au cœur des mères que le triomphe des
armes leur est douloureux.

Par politique plus que par humanité, Abd-el-Kader avait arrêté, autant que possible, la coutume féroce des Arabes de couper la tête de tout homme mort, blessé ou prisonnier qui tombait entre leurs mains. L'émir voulait avoir des prisonniers parce que nous avions beaucoup des siens entre nos mains, dont quelques-uns lui étaient particulièrement chers, et il n'avait d'espoir de les ravoir que par un échange, objet de ses vœux secrets, mais dont Mgr Dupuch provoqua la manifestation.

Après une correspondance entre l'évêque et l'émir et une conférence entre l'abbé Suchet et Mohamed-Ben-Allah, l'ex-bey de Milianah, le jour et le lieu de l'échange furent le 18 mai et la ferme de Mouzaïah ; mais, par suite d'accidents indépendants des uns et des autres, l'échange dut être remis au lendemain 19, et se faire près de Bouffarik.

En effet, le 19 mai 1841 au matin, on pouvait voir de mille à douze cents cavaliers arabes, conduisant vers ce camp les captifs chrétiens. Mgr Dupuch, qui s'était porté au-devant d'eux, rendit les Arabes à leurs coreligionnaires, qui les accueillirent avec des transports de joie, tandis que lui-même, les yeux baignés de larmes, recevait nos pauvres compatriotes, parmi lesquels le sous-intendant Massot. Puis le chef de la prière chrétienne et l'ex-bey de Milianah s'abordèrent seuls, sans escorte, et eurent un long entretien. Quand ils se séparèrent, une égale émotion était peinte sur leurs visages, car leurs cœurs étaient faits pour se comprendre, et l'on ne saurait trop admirer ce rapprochement entre deux hommes de religion, de mœurs, de position si différente, réunis en ce moment dans un sentiment de charité envers leurs frères et une foi pareille envers le Dieu qui veille également sur toutes les races.

L'évêque reprit lentement la route d'Alger à la tête de sa glorieuse conquête, et le bey, rejoignant au galop ses cavaliers, s'enfonça dans les fourrés des Karasas.

Tous les prisonniers, tant Arabes que Français, n'avaient pas recouvré leur liberté dans l'heureuse journée du 19 mai 1841 ; on ignorait le sort d'une soixantaine d'hommes du 3e léger, faits prisonniers avec leur capitaine, M. Morizot, par les Arabes, dans une reconnaissance imprudente au-dessous de Koléah, le 12 août 1840.

L'ABBÉ SUCHET ET ABD-EL-KADER

J'ai dit comment nous avions retrouvé leur trace à Thaza, grâce à la touchante inscription qu'ils avaient laissée sur le mur de leur prison. Ils partaient ; mais *sans savoir où, à la grâce de Dieu.* Où étaient-ils allés, en quittant Thaza? où étaient-ils? M⁹ʳ Dupuch résolut de le connaitre et de les délivrer. Il faut envoyer quelqu'un à Abd-el-Kader. C'est une mission pleine de périls, car il s'agit d'un long voyage à travers des populations hostiles, exaspérées par nos victoires. Un seul homme a donné assez de preuves de sagesse, d'intelligence et de courage pour qu'on puisse avoir en lui une confiance illimitée ; c'est l'abbé Suchet. Il part, et sans le suivre dans son voyage palpitant de péripéties de toutes sortes, nous assisterons, d'après le récit qu'il en a fait lui-même, à son entrevue avec Abd-el-Kader, qu'il finit par rencontrer dans la plaine des Ghris, du côté de Mascara :

« Déjà Abd-el-Kader m'avait aperçu : il m'envoya sur-le-champ son secrétaire, à qui je donnai les dépêches dont j'étais porteur. Je lui dis que j'attendais pour me présenter les ordres de son maître. Deux minutes après, le même serviteur vint m'avertir que le sultan était prêt à me recevoir.

« Il était toujours à la même place et dans l'attitude où je l'avais vu en arrivant (accroupi sur la terre nue, à l'ombre d'un figuier). Il ne se leva pas, salua très gracieusement et me fit signe de m'asseoir sur un modeste tapis étendu à ses côtés. Il me pria de lui faire lire par mon interprète les lettres de Monseigneur ; il en fut enchanté et me témoigna sa satisfaction. Comme nous, il admirait la charité de notre évêque.

« — Je sais tout, ajouta-t-il avec vivacité, je sais tout ce qu'il fait pour l'Algérie, et j'ai une grande vénération pour sa personne. »

« Je lui parlai du bonheur qu'avait eu le prélat en contribuant à l'échange des prisonniers.

« Mais ce bonheur, ajoutai-je, ne sera parfait qu'après que tu nous auras rendu tous nos captifs ; il en reste encore cinquante-six en ton pouvoir, et je viens les réclamer de la part de Baba-el-Kébir (l'évêque). » A ces mots, je lui présentai la liste officielle des noms que notre armée avait trouvés inscrits sur les murs de Thaza.

« Abd-el-Kader, après un instant de réflexion, me déclara qu'il ne pouvait accéder aux vœux de mon évêque tant que nous n'aurions pas rendu, de notre côté, tous les Arabes, sans exception, qui étaient encore au pouvoir de la France. Je lui répondis que telles n'étaient point les conditions de l'échange convenu entre Monseigneur et le kalifa; qu'en s'engageant à lui renvoyer les Arabes auxquels le gouvernement français jugeait à propos d'accorder la liberté, l'évêque n'avait nullement promis de briser les fers de ceux qui, par des délits passibles de nos lois, ou par des raisons d'État, ne pouvaient être délivrés...

« — Mais tu me promets, reprit-il, que ton maître et seigneur fera de nouvelles démarches en faveur de quatre Arabes auxquels je tiens beaucoup, et d'un chef qui est en France parmi les forçats ?

« — Pour ce dernier, Monseigneur a déjà sollicité sa grâce auprès du roi ; quant aux autres, je t'assure qu'il ne tiendra pas à mon maître que tu ne les revoies bientôt. »

« Alors le sultan prit un ton grave et me dit :

« — Tes prisonniers te seront rendus.

« — Quand? lui dis-je avec anxiété.

« — Dès aujourd'hui. Je vais donner ordre à un de nos cheiks de les conduire à Oran, dont ils ne sont éloignés que de douze heures de marche. »

« Je remerciai Abd-el-Kader je ne sais trop comment, et je lui demandai si je ne serais pas assez heureux pour rejoindre mes compatriotes et m'en retourner avec eux à Oran. Il me dit en souriant que la prudence s'y opposait. »

Après un entretien sur la religion chrétienne, provoqué par Abd-el-Kader à la vue du crucifix qui brillait sur la poitrine de M. Suchet, celui-ci fit apporter les présents que Mgr Dupuch envoyait comme une espèce de rançon pour les prisonniers français.

« Je les reçois, dit l'émir, parce que c'est ton évêque qui me les offre ; je ne les aurais pas reçus d'un autre. »

« J'entamai alors, continue M. Suchet, un sujet non moins important.

« Mon maître, dis-je, t'a demandé une grâce dans sa lettre, je pense qu'elle lui sera accordée. Si, dans la suite, d'autres Français, d'autres catholiques, deviennent tes prisonniers, pourra-t-il, évêque et pasteur, envoyer un prêtre à ses pauvres brebis, afin de les consoler et de les soutenir dans leur captivité?

« — Il le pourra.

« — Eh bien, lui dis-je, tu vas écrire de ta propre main à mon maître; compte qu'en le faisant tu rempliras son cœur de la joie la plus vive.

« — Je le ferai. »

« Et il le fit. »

Nous lisons, en effet, dans la lettre d'Abd-el-Kader à Mᵍʳ Dupuch, le paragraphe suivant qui répond à la demande de l'évêque.

« Vous nous avez demandé s'il nous serait agréable que vous envoyassiez un de vos prêtres auprès des prisonniers français, dans le cas où leur nombre viendrait encore à s'accroître dans l'avenir. Nous acceptons volontiers cette sainte proposition, et nous accueillerons avec plaisir celui que vous enverrez, s'il plaît à Dieu. »

Nous appelons l'attention de nos lecteurs sur ce dernier trait de l'entrevue de M. l'abbé Suchet avec l'émir. Ainsi, tandis que le gouvernement français marchandait à nos prêtres la permission d'accompagner nos soldats dans les dangers qu'ils allaient courir, nos prêtres s'offraient d'eux-mêmes pour partager la captivité de ces mêmes soldats, et un chef musulman, aux trois quarts barbare, mais profond politique, accordait à un évêque ce que nos ministres chrétiens et civilisés lui eussent certainement refusé.

En vertu des ordres d'Abd-el-Kader et des instructions du général Bugeaud, ce second échange de prisonniers eut lieu le 15 juin 1841, en avant du camp du Figuier, non loin d'Oran.

Telle est l'histoire de ces deux échanges de prisonniers, qui constitue l'un des plus beaux et des plus touchants épisodes de l'héroïque lutte des Français en Afrique. Ils étaient dus à l'ardente charité de Mᵍʳ Dupuch et à la haute intelligence du général Bugeaud. L'évêque et le gouverneur étaient d'accord sur toutes les questions morales et sociales intéressant la cause de la civilisation, et l'on sait par ces exemples quel bien résultait du concours de ces bonnes volontés. Malheureusement il n'y eut plus d'autres échanges, si nous en exceptons le rachat, à prix d'argent, des officiers survivants du désastre de Sidi-Brahim (1846). Il y avait alors comme un interrègne des nobles instincts dans cette France qui en avait toujours été le trône et le berceau. Les relations établies entre Abd-el-Kader et Mgr Dupuch, le bien qui en résultait pour l'humanité, le retentissement qu'eurent ces deux échanges de prisonniers, la gloire qui en rejaillissait sur la religion, tout portait ombrage au gouvernement et lui faisait craindre que le clergé d'Afrique n'acquît, auprès des Arabes et de l'armée, une influence dont il ne voulait, lui, à aucun prix. Nos prisons se remplirent bientôt de prisonniers arabes, et Abd-el-Kader faisait égorger les captifs français qu'il ne pouvait plus nourrir.

Il faudrait un volume spécial pour raconter tout ce que l'abbé Suchet a fait d'admirable en Algérie, non sans s'exposer à de très grands dangers. Voici un fait qui en donne la preuve :

C'était à l'époque de sa négociation touchant l'échange des prisonniers. Après quelques jours passés au camp de l'émir, il en repartit sous l'escorte d'une trentaine de cavaliers chargés de le conduire jusqu'aux avant-postes français.

M. Suchet quitta le camp arabe à l'entrée de la nuit, et l'aube le trouva sur les derniers contreforts de l'Atlas, près d'atteindre le sommet de la montagne juste au moment où les tirailleurs d'avant-garde du général Baraguay-d'Hilliers y arrivaient de l'autre côté. A leur vue, l'escorte du prêtre s'arrête. En vain, M. l'abbé Suchet l'exhorte à pousser avec confiance en avant ; elle hésite, se consulte, et finalement refuse d'avancer. A cet instant, le général Baraguay-d'Hilliers arrivait lui-même sur la ligne de ses tirailleurs et interrogeait le terrain devant lui. Voyant un groupe de cavaliers immobiles sur un piton, il fait avancer une pièce de montagne qui envoie un obus à quelques mètres de M. Suchet. Aussitôt son escorte se disperse dans toutes les directions.

Resté seul, l'abbé pousse son cheval vers la pièce. Il espère qu'elle ne tirera plus sur un homme isolé et qu'il sera facilement reconnu ; mais il avait trop de confiance dans le sang-froid de nos soldats ; la pièce ne tire plus, il est vrai ; mais les tirailleurs, au lieu de réfléchir qu'un homme seul venant à eux ne peut être un ennemi, prennent la soutane pour un burnous noir et, dans l'obscurité du crépuscule, tirent plusieurs balles dont une atteint M. Suchet à la cuisse.

Malgré la douleur que lui cause sa blessure il continue son temps de galop et arrive enfin au milieu d'un groupe où se trouvait le général. Alors il est reconnu, on le descend de cheval, et quand on a constaté que sa blessure est sans gravité, il est le premier à rire de cette mésaventure qui a failli lui coûter la vie.

PROGRÈS DU CULTE DANS LES VILLES ET A L'ARMÉE

Deux ans à peine s'étaient écoulés depuis l'intronisation de Mgr Dupuch à l'évêché d'Alger, que des progrès sensibles étaient constatés à l'armée et dans les villes, grâce au zèle vraiment apostolique de l'évêque, à la collaboration énergique de ses vicaires généraux et au concours du gouverneur général, qui était alors le général Bugeaud.

A Alger, il y a plus de douze mille catholiques, deux églises, quatre chapelles, vingt-trois prêtres ou missionnaires desservant les églises, les hôpitaux, les prisons, le grand et le petit séminaire et les maisons d'orphelins. Il y a quatre établissements de sœurs de Saint-Joseph, et l'on attend d'un jour à l'autre les dames du Sacré-Cœur. Les sœurs de Saint-Vincent-de-Paul ne vont pas tarder à arriver.

Dans l'ouest, entre Cherchell, Mostaganem et Oran, cinq prêtres pour cinq mille catholiques environ. A l'est, le culte est à peu près assuré. Des cloches sont partout placées sur les monuments religieux, pour appeler les fidèles à la prière.

Le P. Brumand, de la Compagnie de Jésus, a déjà établi son orphelinat agricole à Ben-Aknoun, d'où il doit se répandre dans les trois provinces. Le R. P. Régis, de l'ordre de la Trappe, est arrivé, et le général Bugeaud l'installe dans la plaine de Staouéli, où s'élève aujourd'hui la magnifique abbaye de Notre-Dame, qui est en même temps une ferme modèle.

Les prêtres furent autorisés à suivre les grandes colonnes en qualité d'aumôniers, et le premier qui expéditionna avec nous (M. l'abbé G'Stalter) mérita les honneurs de la citation à l'ordre de l'armée.

Ce jeune prêtre resta constamment sur l'extrême ligne des tirailleurs, pendant toute une journée de plus meurtrières, allant avec les soldats du train enlever les morts et les blessés, à vingt pas des Arabes. Indifférent au danger, il s'agenouillait auprès des mourants ; et là, sous une grêle de balles, il s'efforçait d'obtenir de leur bouche glacée un mot, un soupir vers Dieu, et de faire parvenir à leur oreille déjà tendue vers les voix de l'éternité ces paroles mystérieuses qui ouvrent aux mortels les trésors de la miséricorde divine. La nuit venue, quand tout dormait au bivouac, lui seul, oublieux du repos, veillait auprès des blessés, priant pour eux, les consolant et les encourageant dans leurs souffrances.

Le général Bugeaud s'était bien gardé de demander au gouvernement la moindre autorisation concernant l'établissement de nos aumôniers dans nos colonnes ; les ministres acceptèrent le fait accompli, qui du reste ne coûtait rien au trésor, les aumôniers guerroyant à leurs frais. L'armée sut un gré infini à son général en chef d'une décision qui lui permettait d'assister quelquefois à la messe. Ainsi, le 20 mai, fête de l'Ascension, la messe fut célébrée au camp par ordre du général Baraguay-d'Hilliers.

Certes, pour tout esprit, je ne dirai pas religieux, mais simplement réfléchi, la messe est un grand spectacle ; mais combien le souvenir que ce spectacle évoque n'acquiert-il pas de sublimité, lorsque la messe est célébrée en rase campagne, dans un site sauvage, au milieu des pompes de la nature ; quand c'est le même ciel que celui du Golgotha qui sert de voûte à ce temple immense, que les mêmes rochers, les mêmes arbres en forment la décoration !

A Aïn-Sultan, comme sur le Calvaire, des troupes armées entourent le lieu du sacrifice ; mais cette nouvelle garde qui se presse autour de la victime a été régénérée par son sang ; au lieu du blasphème, de l'insulte, de la menace, elle murmure dans son cœur des paroles d'amour et de respect ; ses armes, au lieu de se tourner contre elle, cruelles et insultantes, s'inclinent et s'humilient. De quel frémissement n'est-on pas saisi, lorsqu'au moment de l'élévation les tambours battent aux champs, les trompettes sonnent la marche, et que la grande voix du canon annonce à la terre que la précieuse victime est descendue sur l'autel!

Alors tout ce qu'il y a de plus fort sur la terre confesse son néant devant le ciel ; les généraux courbent leur front glorieux devant la majesté voilée, les soldats présentent leurs armes et ploient le genou.

Le général en chef, en rétablissant le culte dans l'armée d'Afrique, n'avait pas seulement obéi à un sentiment intime, il avait agi en homme qui sait ce qui est nécessaire aux soldats, natures naïves et fortes, sur lesquelles les grandes scènes de la religion agissent toujours puissamment ; et ses lieutenants, en se conformant à ses intentions, prouvaient qu'ils étaient bien dignes de s'associer à son œuvre.

Les indigènes, tant ceux de nos goums que ceux des tribus vaincues, assistaient à nos cérémonies religieuses avec une vive curiosité tempérée par une attitude respectueuse et un silence profond.

UNE MESSE EN KABYLIE

Le spectacle le plus grandiose de la majesté de notre culte divin fut celui de la messe célébrée en pleine Kabylie, après la pacification complète de cette importante région par le maréchal Randon. J'en emprunte la poétique description au livre d'un mes anciens camarades, intitulé : *Souvenirs d'un officier du 2e zouaves.*

« Le 5 juin 1853, le gouverneur général appela à son bivouac de Sidi-Etnin une partie des populations récemment soumises, pour les faire assister à la remise des burnous d'investiture de leurs chefs. Au centre du grand carré des troupes étaient réunis cinq ou six cents Kabyles à la figure sauvage, aux vêtements sordides, qui venaient en toute confiance, quelques jours seulement après avoir essuyé les ravages de la guerre, reconnaître la puissance de la France dans les baïonnettes qui les avaient décimés la veille.

« Le maréchal, après leur avoir fait comprendre la volonté de la mère patrie, les avantages qu'ils trouveraient à suivre les conseils qui leur seraient donnés par les officiers chargés des bureaux arabes, et ceux qu'ils retireraient en vivant en paix avec leurs voisins, distribua une quarantaine de burnous rouges à leurs anciens chefs, maintenus à la tête de leur administration. Chaque chef ou caïd vint recevoir des mains des spahis le burnous qui lui était immédiatement jeté sur les épaules; il baisait ensuite la main du gouverneur, recevait son brevet et reprenait sa place devant les représentants de sa tribu. Faite avec toute la pompe militaire, annoncée et terminée par des bans et des salves d'artillerie, cette cérémonie imposante impressionna les nouveaux chefs. L'office divin suivit immédiatement l'investiture administrative.

« Sur un point élevé, placé au centre du bivouac du gouverneur général, on avait construit avec des tambours, des canons et des affûts, un autel qui n'avait d'autres ornements que quelques fleurs des champs et des faisceaux d'armes. Il était surmonté d'une croix rustique, faite de deux branches noueuses de chêne-liège : telle devait être la croix sur laquelle devait être attaché le Christ. Pour encadrement, ce temple improvisé avait les beautés de la nature. Ni Saint-Pierre de Rome avec ses magnifiques peintures, ni la Madeleine de Paris avec ses tapis, ses marbres et ses dorures, ni ces immenses cathédrales gothiques de la vieille France avec leurs sculptures, leurs vitraux peints et leurs ombres pleines de mystère, ne pourraient rendre le grandiose de cette église toute primitive, dont la vue effaçait plusieurs siècles dans l'histoire, et rappelait Constantin dans les Gaules, Philippe-Auguste le matin de la bataille de Bouvines, et saint Louis aux ruines de Carthage.

« Derrière l'autel apparaissaient les hautes montagnes de la Kabylie orientale, aux arêtes dentelées, veinées de couches de neige, ayant pour auréole des cercles de nuages. Ces montagnes semblaient de gigantesques statues dont les têtes sourcilleuses se perdaient dans un ciel sombre et chargé de tempêtes. Sur la gauche et derrière l'armée disparaissait, sous une atmosphère vaporeuse et embrasée, la mer d'Afrique, dont le flot, tantôt calme et azuré comme celui d'un beau lac d'Italie, tantôt soulevé par la tempête et furieux, se promène sans cesse du rivage de notre France au rivage de notre nouvelle colonie.

Le R. P. Régis officiait. Supérieur de la trappe de Staouéli, il y avait dans la nature et le caractère de ce moine guerrier et organisateur comme un reflet d'Urbain II, de Pierre l'Ermite et de l'évêque d'Antioche.

« Les lignes de troupes encadraient le terrain ; en avant des soldats étaient placés les officiers. Derrière les troupes, sur les versants des collines, on apercevait, au milieu des bouquets de lentisques, de myrtes et de lauriers-roses, les tentes du camp, et plus loin, sous les hêtres et les oliviers séculaires, des groupes de Kabyles, silencieux et étonnés, garnissaient les ogives de verdure de cette immense basilique, dont les sauvages ornements avaient été fournis par la nature seule. Pendant l'office, une des musiques exécuta plusieurs morceaux. Jamais les grandes compositions des maëstro n'avaient réveillé des échos plus sublimes que ceux des Babors et de la vallée de l'Agrioum.

« Officiers et soldats étaient recueillis pendant cette cérémonie grandiose ; mais le recueillement se changea en une véritable émotion au moment où le prêtre éleva l'hostie sainte au-dessus des drapeaux et des têtes abaissées, au bruit des tambours que dominait la grande voix du canon. On eût dit que l'Église française prenait possession de cette terre qui, depuis l'épiscopat de saint Augustin peut-être, n'avait été foulée par le pied du chrétien. »

LES SAINTES RELIQUES

Ce n'était pas assez pour Mgr Dupuch de rétablir notre culte en Algérie, son zèle alla jusqu'à donner à son église naissante des objets tangibles à vénérer, des reliques de saint Augustin. Il alla à Pavie solliciter et obtenir du chapitre de cette ville un fragment des ossements du saint, dont il est le gardien. Saint Augustin était mort sur son siège épiscopal d'Hippone. Les Vandales, qui avaient troublé ses derniers jours, menaçant son tombeau, les successeurs du grand évêque transportèrent ses restes en Sardaigne. Deux siècles après, les Sarrasins s'étant emparés de cette île, un pieux roi lombard, Luitprand, racheta le corps de saint Augustin, qui trouva à Pavie un asile digne de sa gloire.

Le 25 octobre 1842, le vapeur de l'État *Gassendi* quittait Toulon, emportant vers l'Afrique M⁰ʳ Dupuch, M⁰ʳ Donnet, archevêque de Bordeaux, NN. SS. les évêques de Marseille, de Digne, de Valence, de Châlons et de Nevers, qui faisaient cortège aux saintes reliques. Le 28, au point du jour, on se trouvait en face de Bône. Au signal d'un coup de canon, tiré de la casbah, la population en foule s'était portée sur le rivage ; à huit heures, par un soleil radieux, une flottille d'une douzaine de canots se détacha du vapeur et s'avança lentement vers la ville.

Dans le premier était M⁰ʳ Dupuch, portant la châsse de cristal et d'argent qui renfermait la relique, *l'ulna,* c'est-à-dire l'os du coude du bras droit. Les autres évêques suivaient en rochet et en mitre ; après eux, les prêtres en habit de chœur. Une chaloupe portait des religieuses de la Doctrine chrétienne ; une autre, des frères hospitaliers. De chaque embarcation le chant des psaumes s'élevait comme la voix du Seigneur du milieu des flots.

Le cortège, ayant pris terre, passe sous un arc de triomphe et traverse les foules agenouillées, que contiennent avec peine les troupes formant la haie, et à la tête desquelles sont toutes les autorités militaires et civiles.

Le lendemain, la relique fut portée processionnellement de Bône à Hippone, au milieu d'un appareil imposant. L'archevêque de Bordeaux, qui présidait l'auguste cérémonie, célébra la sainte messe et prononça une vibrante allocution, dans laquelle il s'adressait particulièrement aux soldats.

« La religion dont nous sommes les ministres, leur dit-il entre autres choses, est celle que pratiquèrent les Clovis, les Charlemagne, les Turenne, les Condé ; celle dans les bras de laquelle voulut mourir Napoléon. Il savait bien, cet habile appréciateur des hommes et des choses, que la religion ne fait qu'accroître la bravoure ; il le savait bien, lui qui, frappant un jour sur l'épaule d'un de ses généraux, lui disait : « Drouot, tu es le plus brave de mon armée, parce que tu « es le plus dévot. »

LE TOMBEAU DE L'ÉVÊQUE REPARATUS

Un autre bonheur fut accordé par la Providence à Mgr Dupuch, celui de recueillir et d'honorer les restes d'un prélat de la Mauritanie Tangitane enseveli, depuis quatorze siècles, sous les cendres d'un vaste incendie, recouvertes elles-mêmes d'une épaisse couche de terre.

Sur la rive gauche du Chélif, à une petite étape de la mer, à un point nommé aujourd'hui *El Esnam* par les Arabes, autrefois *Castellum Tingitii* par les Romains, qui s'y étaient établis, s'élève Orléansville, qui compte de trois à quatre mille habitants. Le général Bugeaud, toujours à la recherche des établissements romains et s'y arrêtant judicieusement, fonda cette ville en 1843, et la relia par une route carrossable à Tenez. De la sorte il avait des communications faciles avec Alger par la mer, avec Milianah par terre. De plus il fermait la vallée du Chélif et la trouée de l'Ouerenensis.

Pendant que trois colonnes agissaient dans ce vaste et difficile pays de montagnes, notre colonel Cavaignac, nommé commandant supérieur d'Orléansville, faisait tracer l'enceinte de ce nouveau poste. Après avoir traversé une couche de terre d'environ 1m 50 d'épaisseur, la pioche des travailleurs en rencontra une seconde, formée de cendres et d'une égale profondeur, s'étendant sous tout l'espace indiqué par le général pour les constructions de la nouvelle ville. Il était mathématiquement démontré que nous étions sur *Castellum Tingitii,* brûlé par les Vandales en 428. A chaque instant on rencontrait des ruines, les unes calcinées, les autres ayant échappé à l'action du feu; enfin on mit à jour une église en tout son pourtour. Déblayées avec soin, ces ruines offrirent aux regards une mosaïque de toute beauté et un sarcophage en pierre, sur lequel était gravé le nom de REPARATUS EPISCOPUS.

Instruit de cette découverte, le général en donna avis à Mgr Dupuch, qui accourut à Orléansville.

Soit par nécessité de ravitaillement, soit par préméditation du général en chef, toutes les troupes qui guerroyaient au loin se trouvèrent réunies à Orléansville, à l'arrivée de l'évêque. Une reconnaissance scrupuleuse ayant été faite du précieux tombeau, il fut décidé que Mgr Dupuch en prendrait possession au nom de l'Église renaissante d'Afrique.

A cet effet, un autel fut dressé sur le tombeau de Reparatus, et l'évêque y célébra la sainte messe au milieu d'un carré formé par l'armée.

Au centre et près de l'autel se tenaient le gouverneur général, les divisionnaires et brigadiers, ayant derrière eux leurs états-majors.

Au commencement du service divin, à l'élévation et à la fin de la messe, toutes les batteries d'artillerie firent feu, des centaines de tambours, trompettes et clairons se firent entendre, un frémissement courut dans cette masse de guerriers chrétiens, et les très nombreux Arabes qui nous entouraient étaient pris d'un saisissement visible.

On était anéanti par la sublimité du spectacle, et chacun de nous répétait au fond de son cœur ces paroles de Clovis, au récit du supplice de Notre-Seigneur : « Que n'étais-je là avec mes Francs ! »

L'évêque semblait transfiguré ; son enthousiasme éclata en une improvisation qui fit tressaillir l'armée, de son illustre chef au dernier soldat.

Dans de pareils moments, on volerait avec bonheur non seulement au combat, mais au martyre. Nous avons quelquefois assisté à la messe en campagne, mais rien d'aussi majestueusement chrétien ne nous est apparu.

DOULEURS DE L'ÉVÊQUE

Dieu donnait cette gloire et ces joies à son serviteur pour le consoler des déboires qu'il eut à souffrir, comme évêque et comme administrateur, jusqu'à ce que, vaincu par l'adversité, il quitta le siège où pendant sept ans il avait prodigué sans mesure sa piété, son dévouement, sa santé et sa vie.

Pontife de la religion chrétienne, il eut à lutter contre l'hostilité manifeste du pouvoir central, adversaire du dogme dont il avait le dépôt.

Des chrétiens, des enfants de la France, de saint Louis,

s'étaient placés entre la sœur de charité et l'enfant du désert, entre le prêtre de Jésus-Christ et le disciple de Mahomet, entre l'Évangile et le Coran.

Le 10 novembre 1845, le directeur civil, d'accord avec M. le comte Guyot, adressait à la supérieure des sœurs de Saint-Vincent de-Paul, à l'hôpital civil d'Alger, la lettre suivante, qui doit être conservée comme un monument de honte pour les sectaires d'alors et ceux d'aujourd'hui :

« Madame la Supérieure,

« L'Algérie doit être avant tout le pays de la tolérance en matière de religion. Toutes les sectes chrétiennes, tous les cultes opposés s'y rencontrent. Les hôpitaux surtout doivent être un champ neutre pour toutes les dissidences religieuses.

« On a pu autoriser sans danger aucun, dans *quelques* hôpitaux de France, le placement de l'image du Christ; *mais ici il ne saurait en être de même.* Aussi j'ai l'honneur de vous prier d'inviter les sœurs sous vos ordres à faire enlever des salles les signes du culte extérieur qui pourraient s'y trouver encore. Toute prière publique doit y être également interdite.

« J'espère que ces observations de ma part suffiront pour faire cesser un état de choses regrettable sous bien des rapports, et qui nuit essentiellement au bon ordre de l'établissement. »

Cette lettre est un monument d'imbécillité politique par lequel on fait violence aux croyances catholiques, sous prétexte de tolérance à l'égard des musulmans.

Peu de jours après, le ministre de la guerre accentua les prescriptions odieuses ci-dessus par cette prescription stupide :

« La population catholique est la seule dont le clergé ait à s'occuper. »

A ces difficultés vinrent s'ajouter les obstacles créés par la disproportion énorme entre les besoins urgents et les ressources dérisoires mises par l'État à la disposition de l'évêque. Pour pourvoir à tout, dans l'espace de sept années et demie, Mgr Dupuch dut emprunter cinq cent soixante-seize mille francs, en partie à un taux usuraire. Il succomba sous le poids d'engagements nombreux qu'il avait pris, ne pouvant pas prévoir l'abandon dans lequel le gouvernement le laisserait, en violation de la responsabilité qu'il avait prise en envoyant un évêque établir le culte en Algérie.

Le 9 décembre 1845, Mgr Dupuch envoyait sa démission

Alger.

à Rome, puis il se dirigeait vers la Trappe de Staouéli, où il se proposait de finir ses jours.

La mort seule devait lui procurer une entière délivrance. Cette mort arriva à Bordeaux, le 18 juillet 1856. Les restes du saint et malheureux prélat, déposés d'abord dans l'église primatiale de Bordeaux, furent transportés à Alger sur la demande de Mgr Pavy. C'est dans la cathédrale de cette ville qu'ils attendent la résurrection de la chair.

MONSEIGNEUR PAVY

Mᵍʳ Pavy, doyen de la Faculté de théologie de Lyon, succéda à Mᵍʳ Dupuch sur le siège épiscopal d'Alger. Il n'avait
que quarante et un ans. Son épiscopat dura du 26 février 1846
au 16 novembre 1866, jour de sa mort.

Le second évêque d'Alger a fait de grandes et belles choses
durant son épiscopat ; il fut servi dans l'accomplissement de
sa mission par son mérite d'abord, qui était considérable,
puis par des circonstances providentielles et des mouvements
politiques qu'il sut faire tourner à l'avantage de son œuvre.
Nous citerons particulièrement l'amitié du maréchal Bugeaud,
le court mais fertile gouvernement général du duc d'Aumale,
le voyage en Algérie de l'empereur Napoléon III et de l'impératrice Eugénie, l'influence que par ses hautes qualités
personnelles, autant que par la grandeur de sa mission, l'évêque
prit sur les souverains. Ce que la république de 1848 avait
compris, l'empire devait encore mieux le sentir. Cette conviction que sans la religion on ne ferait rien de stable en
Algérie avait pénétré l'esprit de Napoléon III. Aussi la bien-
veillance de l'empereur ne fit jamais défaut à Mᵍʳ Pavy, qui
recourait sans cesse à lui dans ses embarras.

LA PROCESSION DE LA FÊTE-DIEU

Le gouverneur général Bugeaud, voulant donner une marque
de sa déférence envers l'évêque, commença par lever l'in-
terdit mis jusqu'alors à la procession de la Fête-Dieu à Constantine, et, comme pour donner un gage de la sincérité de
ses sentiments religieux aux populations catholiques et aux
Arabes, il tint à assister à la procession de la Fête-Dieu à
Alger. Nous étions, ce jour-là, sous les armes, et nous avons
gardé la plus profonde impression de cette solennité qui fait
époque dans les annales algériennes.

« La procession de la Fête-Dieu d'Alger est un des plus
beaux spectacles que l'on puisse contempler.

« Au milieu de la place du Gouvernement s'élève le reposoir. Il est surmonté de la croix, qui de sa hauteur domine
le croissant de la mosquée de la Pêcherie ; à sa base s'agite
une multitude de têtes d'anges parées et couronnées de fleurs.
Ce sont les enfants des asiles qu'on a assis, la face tournée
vers le peuple, sur les gradins qu'ils animent et mouve-
mentent. Les quatre faces du monument regardent les quatre
points cardinaux et ont devant elles, au nord, le port, où se
balancent mille mâts, pavoisés aux couleurs de toutes les
nations ; au sud, la ville, qui se dresse en amphithéâtre et
dont chaque fenêtre embrasse le coup d'œil ; à l'est, le quartier Bab-Azoun et les deux Mustapha ; à l'ouest enfin, Bab-
el-Oued et le vert Boud-Jareah. Tel est le cadre où se déploie
la procession d'Alger.

« Deux haies de soldats se déroulent à droite et à gauche
sur tout le parcours de la procession. Les fanfares, les musiques militaires et civiles ont déjà pris leur position de distance en distance. Un escadron à cheval piaffe et hennit sur
la place. Les matelots sont debout sur leurs vergues rem-
plissant les hunes ; les fenêtres et les terrasses des maisons
se peuplent de spectateurs ; les Arabes tapissent les murs, se
cramponnent aux angles des édifices, se hissent les uns sur
les autres pour mieux voir.

« Voici la procession : quatre gendarmes à cheval ouvrent
la marche ; viennent entre les deux haies mobiles des soldats
deux immenses files de jeunes filles blanches, composées de
toutes les écoles de la ville d'Alger ; puis les orphelines de
Mustapha, les confréries de femmes, les dames de la société
de charité, les religieuses de tous les ordres. A leur suite se
développaient les lignes de garçons, tous les enfants des écoles
primaires, des petites pensions de la ville, tenant des ori-
flammes à la main ; les orphelins de Ben-Aknoun, le lycée,
le petit séminaire, et après eux, les confréries d'Italiens, de
Maltais, d'Espagnols, avec leurs bannières déployées ; les con-
férences de Saint-Vincent-de-Paul, toutes les maîtrises de la
ville, le grand séminaire, tout le clergé, le chapitre, l'abbé
de Staouéli avec sa crosse de bois, l'évêque sous le dais, portant
le saint Sacrement, et derrière lui une masse d'hommes
suivis de quatre gendarmes qui ferment la marche.

« Au fur et à mesure qu'elle arrive, la procession se déroule et s'enroule sur la place, forme mille lacets, mille méandres autour du reposoir et dessine, sans se rompre, une multitude de figures semblables à une fine toile d'araignée.

« Dès que le saint Sacrement débouche par la rue Bab-Azoun, le gouverneur général, avec son brillant état-major, la cour en robe rouge, le tribunal, les fonctionnaires civils, descendent du palais et viennent se placer en face du reposoir. Après les oraisons, l'évêque, tenant en main l'ostensoir, se tourne pour bénir. Une voix puissante crie : « Genoux terre ! »

Église catholique d'Alger.

Aussitôt les tambours battent aux champs, les musiques retentissent, les cantiques s'entremêlent, les fusils résonnent en reposant sur le sol, les canons de mer répondent aux canons de terre, un frémissement involontaire s'empare des cœurs : Dieu est là ! On s'incline et l'on se relève avec un immense soupir de foi et d'admiration qui couvre comme un religieux hourra l'autel, la place et·la cité[1]. »

Ces imposantes et salutaires solennités religieuses, qui réjouissaient notre âme en la fortifiant, sont interdites aujourd'hui en Algérie comme en France. Non seulement les soldats n'escortent plus les processions, mais ils n'entrent même pas dans les églises pour y rendre les honneurs funèbres à leurs chefs et à leurs camarades décédés.

---

[1] L'abbé Pavy, *Mgr Pavy, sa vie, ses œuvres.*

Un gouvernement peut bien empêcher l'armée de s'associer aux manifestations du culte, mais il est impuissant à arracher du cœur du soldat la foi dans la divinité, objet de ce culte. C'est là ce qui fait, sinon notre consolation pour le présent, du moins notre espoir pour l'avenir.

Les relations entre le maréchal Bugeaud et Mgr Pavy furent

Mosquée neuve à Alger.

toujours cordiales. Nous en avons une preuve dans le portrait que trace du vainqueur d'Isly l'historiographe du second évêque d'Alger, si chatouilleux sur tout ce qui touche à son frère. « Homme de guerre consommé, dit-il, fondateur de villes, habile colonisateur, travailleur infatigable, père du soldat et du colon, le maréchal Bugeaud a laissé en Afrique les traces les plus profondes et les plus glorieux souvenirs... Le maré-

chal Bugeaud avait le sens religieux très prononcé. « Je ne
« suis pas sans religion, disait-il souvent, j'ai la foi, l'espé-
« rance et la charité. » Et il le montrait par la manière dont
il se tenait à la messe militaire, qu'il manquait rarement. »

SUCCESSION DE GOUVERNEURS

LE DUC D'AUMALE. — Le maréchal Bugeaud ayant donné
sa démission à la suite des tracasseries que lui suscitaient
ses ennemis politiques, le duc d'Aumale fut nommé gouverneur de l'Algérie. Cette nomination pouvait seule consoler
l'armée et la colonie de la perte qu'elles faisaient en la personne du duc d'Isly.

Le prince gouverneur fut reçu à Alger avec des transports
d'enthousiasme ; Mgr Pavy harangua le prince, à son arrivée :

« Nous prierons le Seigneur, lui dit-il, pour l'homme de
sa droite, nous le prierons de lui accorder ses bénédictions
les plus puissantes. »

Le duc d'Aumale lui répondit par ces mots d'une grande
élévation : « Priez, Monseigneur, la bénédiction du Ciel est la
plus sûre garantie de nos succès. »

Les actes du duc et de la duchesse étaient en tous points
conformes à cette déclaration de principes ; la duchesse assis-
tait tous les jours à la messe à la chapelle de l'évêché ; le
duc s'y rendait souvent et y faisait ses dévotions aux grandes
fêtes de l'Église.

L'Algérie ne jouit que peu de temps du gouvernement
réparateur du duc d'Aumale. Comme nous l'avons dit dans la
première partie de notre livre, la révolution de 1848 chassa
la branche cadette des Bourbons, comme la révolution de 1830
avait expulsé la branche aînée.

Mgr Pavy s'empressa d'adhérer au nouveau gouvernement,
invitant par une circulaire le clergé à suivre son exemple,
et à bénir, comme il le faisait lui-même, tous les arbres de
la liberté.

LE GÉNÉRAL CAVAIGNAC. — Nommé gouverneur général,
Cavaignac arriva de Tlemcen, où les événements l'avaient

surpris. A peine les réceptions officielles étaient-elles ter-
minées, qu'il rendit sa visite à l'évêqué, lui promettant toutes
ses sympathies pour sa personne et son concours le plus
entier pour le bien de la religion.

L'ancien camp de Kouba fut cédé à l'évêque par le général Cavaignac. L'évêque y installa son grand séminaire, le
23 mai 1848.

LE GÉNÉRAL CHANGARNIER. — Cavaignac ne fit que passer
et fut remplacé par le général Changarnier. Le premier ordre
que celui-ci reçut du ministre de la guerre fut de conserver
le camp de Kouba, et de n'y laisser entrer à aucun prix les
séminaristes.

Le général, tout contristé, s'en fut annoncer la triste nouvelle à l'évêque.

« Monsieur le gouverneur général, répondit Monseigneur,
on nous défend de laisser entrer les séminaristes à Kouba ;
on ne nous a pas dit de les renvoyer. Ils y sont maintenant ;
voulez-vous mettre en marche un escadron pour les en chasser ?
— Ils y sont ? dit le gouverneur. — Oui. — Eh bien ! qu'ils
y restent. »

C'est ainsi que la belle position de Kouba fut acquise à
l'Église d'Alger.

LE GÉNÉRAL CHARON. — Successeur du général Changarnier
appelé à Paris, le général Charon inaugura les colonies agri-
coles, système inventé par Lamoricière pour débarrasser
Paris de quelques milliers d'émeutiers.

Des prêtres furent attachés à ces pseudo-colonies ; ils y
déployèrent le plus ardent, le plus admirable, mais le plus
inutile dévouement.

INTÉRIM DU GÉNÉRAL PÉLISSIER. — Le général Charon fut
rappelé en France dans le courant de novembre 1850. Son
successeur intérimaire fut le général Pélissier, dont la cordia-
lité avec Mgr Pavy allait parfois jusqu'à la familiarité. La presse
anti-chrétienne donnait à cette époque de graves soucis à
Mgr Pavy, et les tribunaux se montraient bien tièdes à le
défendre et à le protéger. Mais, d'un autre côté, son cœur
d'évêque trouvait une ample compensation à ses déboires dans
le concours que lui offrait l'armée en toute occasion.

Ainsi, tandis que, par ses tracasseries et son mauvais vouloir,
l'administration civile contrariait les œuvres apostoliques du

clergé, l'armée faisait au chef de la religion, en Algérie, d'incomparables réceptions. Les Arabes en étaient extrêmement frappés, et comme ils mesurent la religion à la grandeur extérieure, ils avaient la plus grande idée de la nôtre, au spectacle de l'appareil grandiose et respectueux dont était entourée la présence du marabout-kébir des Français.

LE MARÉCHAL RANDON. — Le général Randon était gouverneur général de l'Algérie, lorsque fut érigée la statue du maréchal Bugeaud entre la ville d'Alger et le faubourg d'Isly.

L'élément civil et l'armée concourant à cette solennité, la religion ne pouvait pas y rester étrangère ; l'évêque et son clergé y assistaient en habit de chœur, entourant un autel dressé en face de la statue de l'illustre maréchal. C'est au pied de cette statue que Mgr Pavy célébra le mariage d'un orphelin, pris dans l'orphelinat du père Brumault, avec une orpheline de l'établissement créé par Mme la baronne de Vialar.

Une autre joie était réservée à Mgr Pavy, celle de découvrir le corps du martyr arabe Geronimo.

L'ARABE GERONIMO

Geronimo, tout enfant, avait été pris par les Espagnols, en 1538, et vendu comme esclave au vicaire général de la ville, Jean Caro, qui l'éleva dans la religion chrétienne et le baptisa. A l'âge de dix ans, il fut repris par les Maures et rendu par eux à sa tribu. Il y resta jusqu'en 1559, sans que les pratiques musulmanes, auxquelles il était astreint, lui fissent oublier son baptême. Il s'enfuit un jour de sa tribu et retourna chez son père adoptif, Jean Caro. Il avait alors vingt-cinq ans, et le vénérable ecclésiastique le maria à une jeune Mauresque convertie au catholicisme. Geronimo entra dans les troupes espagnoles, et il arriva qu'ayant pris la mer avec neuf soldats, pour donner la chasse à un brigantin algérien, il fut fait prisonnier ainsi que ses compagnons. Dans la répartition des captifs, Geronimo échut au dey d'Alger, qui était Euldj-Ali, un renégat calabrais. Furieux d'apprendre que cet esclave était un musulman converti, le

dey voulut le faire apostasier ; mais il se heurta à une résistance que ni les menaces ni les mauvais traitements ne
purent faire fléchir. Euldj-Ali résolut de le faire mourir
d'une mort si atroce, qu'elle fût un épouvantail pour tous
les chrétiens, et voici ce qu'il trouva dans sa recherche d'un
raffinement de cruauté.

On construisait, par son ordre, en dehors de la porte de
Bab-el-Oued, un fort que nous appelâmes le *Fort des vingt-
quatre heures*. Les murs se montaient en pisé, à l'aide de
caisses en bois, qu'on emplissait de terre fortement tassée.
L'idée infernale vint alors au dey d'y ensevelir Geronimo
vivant. Averti du dessein d'Euldj-Ali par le maître maçon
Michel, esclave chrétien, Geronimo se confessa à un de ces
prêtres qui, même avant saint Vincent de Paul, allaient,
captifs volontaires, s'enfermer dans les bagnes, pour donner
les secours de la religion à leurs malheureux compagnons.

« Geronimo communia avant le jour ; et c'est avec ces
armes spirituelles et invincibles, — dit Haëdo, dont les chroniques ont perpétué ce drame, — que le confesseur de Dieu
se fortifia et attendit l'heure où le ministre de Satan devait
le conduire à la mort.

« Traîné sur le lieu du supplice, Geronimo fut interpellé
par le dey : « Holà, chien, lui cria-t-il, pourquoi ne veux-tu
« pas être musulman? — Je ne le serai pour aucune chose
« du monde, répliqua Geronimo ; chrétien je suis, chrétien je
« resterai. — Si tu ne m'obéis pas, je t'enterrerai tout vif. —
« Fais ce que tu voudras, répondit l'héroïque confesseur. Je
« suis préparé à tout ; rien ne me fera abandonner la foi de
« Notre-Seigneur Jésus-Christ. »

A cette réponse, Euldj-Ali, frémissant de rage, fit coucher
Geronimo, pieds et mains liés, dans le moule à pisé ; on commença à le couvrir de terre ; un rénégat, nommé Temango,
s'armant d'un pilon, sauta dans la caisse, qu'on continuait
à remplir, et la foula vigoureusement. D'autres rénégats
l'imitèrent.

« Confiant dans la miséricorde de Dieu, continue le chro-
niqueur Haëdo, nous espérons de sa bonté qu'un jour nous
tirerons Geronimo de cet endroit, et qu'avec les corps des
autres saints martyrs du Christ, qui ont consacré cette terre
par leur sang et leur mort, nous les placerons dans un lieu

plus honorable pour la gloire du Seigneur, qui nous a laissé, à nous autres captifs, de tels saints et de tels exemples. »

L'espoir du captif Haëdo ne s'est réalisé que trois siècles plus tard, le 27 décembre 1853, par la découverte que fit Mgr Pavy du corps de Geronimo, dans le bloc de pisé où il avait été enseveli vivant.

Dès l'année 1846, il était question de raser le *Fort des vingt-quatre heures* pour dégager l'esplanade Bab-el-Oued, et y établir un parc d'artillerie. On était en marché avec un entrepreneur civil pour les travaux de démolition, lorsque les chroniques de Haëdo tombèrent entre les mains du savant bibliothécaire de la ville d'Alger, M. Berbruger, qui en communiqua le texte au gouverneur général et à l'évêque, en même temps qu'il en publiait une traduction dans le journal *l'Akbar*. L'émotion fut grande; les pourparlers avec l'entrepreneur cessèrent, et l'artillerie se chargea de la démolition du fort. M. le capitaine Susoni en eut la direction, et y apporta les soins qu'exigeait la crainte de compromettre la découverte qu'on se promettait. Ses espérances furent d'abord ébranlées, parce qu'on avait mal interprété Haëdo touchant la partie du fort où devait se trouver le corps de Geronimo; on supposait que ce corps avait dû disparaître avec le pisé qui l'enfermait, dans des réparations dont on voyait çà et là la trace, lorsque l'artilleur Blot découvre un enfoncement dans lequel se trouve un squelette.

« A l'instant les travaux cessent, — dit Mgr Pavy, dans une lettre sur ce sujet, adressée aux conseils de la Propagation de la foi. — M. le capitaine Susoni est averti. A la position des ossements, à la terre qui les couvre, aux débris de la corde qui liait les mains de la victime d'Euldj-Ali, il reconnaît Geronimo. M. Berbruger accourt des premiers et partage la même conviction. Alors on me fait prévenir; je me hâte vers la glorieuse tombe avec les prêtres qui étaient autour de moi. Je contemple de mes yeux ce spectacle avec une émotion d'autant plus grande, que ma position de juge m'imposait plus de réserve. Un coup d'œil suffit pour me convaincre, mais je me tus. Après avoir donné les ordres nécessaires pour la garde du corps, j'avertis moi-même MM. le gouverneur général et le préfet d'Alger. »

Le gouverneur général, Randon, protestant de religion,

mais catholique de cœur, se prêtait de la meilleure grâce du monde aux désirs de l'évêque. Sa Grandeur ayant habilement fait coïncider la pose de la première pierre du nouveau parc d'artillerie avec la translation des restes du vénérable Geronimo, il s'ensuivit que les administrations judiciaires et civiles, ainsi que l'armée, concoururent, comme par hasard, à la manifestation religieuse. En effet, après la pose de cette pierre et les quelques coups frappés sur cette pierre avec le marteau d'argent, précédés d'un très beau discours sur la guerre, par Monseigneur, l'imposant cortège se groupa autour du squelette de Geronimo, d'où il gagna la ville « par le même chemin qu'avait suivi le martyr marchant à la mort ».

18 septembre 1569! 28 mai 1854! Quel contraste!

« Les autorités de la colonie suivaient le cortège. La gendarmerie et la milice à cheval fermaient la marche. On ne peut se faire une idée de la foule accourue à cet imposant spectacle. Cette population innombrable et profondément recueillie encombrait les rues par où passait le cortège, se pressait aux croisées, se perchait aux terrasses. Pas un petit point, pas un débouché, pas une ouverture, pas une maison qui ne fût garnie de spectateurs. Sous les arcades de l'hôpital civil, touchant spectacle! nous trouvons assis tous les malades que la gravité de leur position n'avait pas forcés de rester au lit ou dans leurs salles.

« Arrivés à la cathédrale, nous plaçâmes la châsse, et les précieux ornements qu'elle contient, dans une petite sacristie dont je gardai la clef. Le lendemain, le bloc fut posé dans une chapelle destinée à Geronimo[1]. »

NOTRE-DAME D'AFRIQUE

A cette époque-là, Mgr Pavy faisait construire le sanctuaire de Notre-Dame d'Afrique, qui s'élève gracieusement sur la colline de Saint-Eugène. Les marins la voient de loin; elle est pour eux une seconde Notre-Dame de la Garde, les pro-

---

[1] Lettre de Mgr Pavy aux présidents de la Propagation de la foi.

tégeant du rivage sud de la Méditerranée, comme celle de Marseille les bénit du nord.

Parmi les dons que la piété envers Marie envoyait à son nouveau sanctuaire, il en vint un de Sébastopol. Il était dû au général Pélissier, qui avait pris alors le commandement de l'armée de Crimée. Il consistait en une croix détachée de l'une des flèches de la cité vaincue, pour être placée sur le front de la chapelle en construction. Ce n'était pas le premier don à la sainte vierge du futur duc de Malakoff. Déjà, après la prise de Laghouat, en 1852, il avait fait parvenir à l'évêque d'Alger les plus belles palmes de l'oasis, pour être bénites le dimanche des rameaux. A son lit de mort, il légua son épée de Sébastopol à Notre-Dame d'Afrique, comme un trophée d'amour et de reconnaissance devant reposer au pied de la statue de Marie, avec celle d'un des plus brillants soldats qu'ait produits l'Algérie, le général Yusuf. C'est qu'il y avait chez cet homme de guerre, légendaire par ses talents militaires, un véritable fonds de piété et une grande confiance envers Marie. « N'oublions pas, écrivait-il de Sébastopol à l'évêque d'Alger, que l'homme le plus fort et le plus habile n'est aux mains de Dieu qu'un instrument, auquel ce grand roi donne ou refuse à son gré la victoire. »

LE PRINCE JÉROME MINISTRE DE L'ALGÉRIE

Un décret du 31 août 1858 créa un ministère de l'Algérie, et le confia au prince Jérôme Napoléon. L'anxiété fut grande. Qu'allait devenir l'Église d'Alger dans les mains d'un homme connu pour n'être pas favorable à la religion? L'évêque écrivit au prince ministre, et reçut de lui une lettre qui le rassura, ainsi que le clergé et les fidèles. En effet, l'Église d'Alger n'eut pas à souffrir du passage du prince aux affaires. Il porta même à un chiffre supérieur à tout ce qui avait précédé le budget diocésain, et donna la plus vive impulsion à la construction des édifices religieux. Cela ne doit pas nous étonner. Ne savons-nous pas que l'auteur de ce propos odieux:

« Le cléricalisme, voilà l'ennemi, » soutenait de sa bourse l'œuvre des missions africaines, qu'il n'osait pas défendre au parlement ?

L'EMPEREUR ET L'IMPÉRATRICE A ALGER

Le 17 septembre 1860, l'empereur Napoléon III et l'impératrice Eugénie arrivaient à Alger à bord de l'*Aigle,* qu'escortèrent les vaisseaux *l'Eylau, la Gloire, le Vauban, la Reine-Hortense.* Ils avaient été précédés par le *Christophe-Colomb,* portant M. de Chasseloup-Laubat, successeur du prince Jérôme au ministère de l'Algérie. Cette visite n'eut pas d'importance politique ; mais, dans une seconde que nous allons relater, Napoléon III s'occupa sérieusement de l'Algérie et des intérêts de cette colonie.

Entre ce premier et ce second voyage se place le gouvernement général, définitif cette fois, du maréchal Pélissier, duc de Malakoff, revenant victorieux de Sébastopol.

A ce moment, le général de Martinprey envoyait à l'évêque cinq cents fusils pris aux Flittas, qu'il venait de désarmer, avec prière d'en faire une balustrade ou une grille à Notre-Dame d'Afrique. Le général Lasserre lui remettait cent quatre-vingts francs, que les officiers de sa division avaient recueillis entre eux, pour la chapelle en construction. Le colonel du 43e de ligne lui faisait parvenir cent quatre-vingt-dix-huit francs cinquante centimes, produit d'une souscription ouverte dans son régiment, pour le même objet. Offrandes modestes, il est vrai, mais où se montre le cœur de notre armée.

.Un douloureux événement vint bientôt, hélas! changer en deuil la joie qu'avait fait naître l'arrivée du maréchal Pélissier au gouvernement de l'Algérie. Le maréchal Pélissier mourut le 22 mai, dans une résignation calme et vraiment sublime, après s'être confessé à l'évêque et avoir reçu les derniers sacrements. En mourant, il prit de sa main défaillante, de cette main qui avait si glorieusement porté devant l'ennemi l'épée de la France, la croix pectorale de Monseigneur, et la porta religieusement à ses lèvres.

L'empereur voulut que les funérailles du maréchal Pélissier

se fissent aux frais de l'État, et que son corps allât se ranger, à la suite de tant de héros, dans le caveau des Invalides.

LE MARÉCHAL MAC-MAHON, duc de Magenta, succéda au maréchal Pélissier, duc de Malakoff. Cette nomination combla de joie Mᵍʳ Pavy. Cependant la bonne entente ne subsista pas longtemps entre l'hôtel du gouvernement et le palais épiscopal. Elle se rompit sur un point qui eût semblé au contraire devoir la resserrer, sur une question de charité. Le gouverneur et l'évêque voulaient l'exercer chacun séparément et selon ses idées. Or, comme celles de l'évêque étaient absolues, la situation était très tendue, lorsque la mort de l'évêque apaisa les esprits par la consternation qu'elle causa. Ses funérailles eurent lieu le 23 novembre 1866, au milieu d'un deuil universel.

Mᵍʳ Pavy eut deux joies avant de mourir : l'une fut l'inauguration du sanctuaire élevé par ses soins à la Reine des cieux, sous le vocable de Notre-Dame d'Afrique ; l'autre fut la lecture des bulles du saint-siège, en date du 29 juillet 1866, érigeant Alger en archevêché, Oran et Constantine en évêchés. La première de ces trois bulles désignait pour l'archevêché Louis-Antoine Pavy, évêque actuel d'Alger. Les deux autres bulles désignaient Mᵍʳ Callot pour l'évêché d'Oran, et Mᵍʳ de Las Cazes pour celui de Constantine. C'était le couronnement du grand épiscopat de Mᵍʳ Pavy ; mais, comme Moïse, il ne fit qu'entrevoir la terre promise.

MONSEIGNEUR LAVIGERIE

Avec Mᵍʳ Lavigerie, cardinal, archevêque de Carthage et d'Alger, l'épiscopat africain a atteint des sommets au-dessus desquels il ne s'élèvera peut-être jamais.

Le successeur de Mᵍʳ Pavy est pénétré du droit qu'il tient de Dieu d'enseigner les nations, de maintenir la liberté de son clergé et d'exercer la charité sans contrôle. Ce droit, il l'a toujours exercé avec une inébranlable fermeté, qui a fait dire de lui : « Mᵍʳ Lavigerie est au clergé d'Afrique ce que le maréchal Bugeaud était à l'armée. »

Ses vertus, sa science l'élevèrent, jeune encore, de la Sorbonne où il était professeur, de Rome où il était auditeur de rote pour la France, des écoles d'Orient dont il était directeur, au siège épiscopal de Nancy. C'est de ce siège qu'il fut placé à l'archevêché d'Alger par l'empereur, au choix duquel le maréchal Mac-Mahon l'avait désigné.

Les circonstances de son élévation faisaient espérer un accord perpétuel, presque une franche amitié entre le gouverneur et l'évêque ; il n'en fut malheureusement pas ainsi, l'accord dura peu de temps. Il fut rompu par les mêmes causes qui avaient déjà divisé le général Mac-Mahon et Mgr Pavy : l'exercice de la charité.

Dès le mois de novembre 1867, trois terribles fléaux : le typhus, le choléra et la famine s'abattirent sur notre grande colonie ; trois cent mille indigènes succombèrent ; le plus grand nombre mourant de faim, ils en vinrent même à se manger entre eux. C'était épouvantable. La voix de l'archevêque, tendant la main pour les pauvres enfants arabes, retentit dans le monde entier, qui y répondit par d'abondantes aumônes, à l'aide desquelles on put recueillir dix-huit cents enfants arabes, depuis le mois de novembre 1867 jusqu'au mois de juin 1868, époque où la famine cessa avec la récolte nouvelle. Près de cinq cents moururent ; d'autres furent réclamés par leur famille dès que la distribution de secours eut fait cesser le tourment de la faim. Il en resta encore mille environ qui furent élevés par l'archevêque d'Alger, les plus jeunes dans les diverses maisons de refuge, de secours et de charité, les plus grands dans les villages dits d'*Arabes chrétiens,* œuvre admirable de sagesse et de prévoyance, conçue et commencée par Mgr Lavigerie, mais dont la radicaille algérienne a entravé le complet développement par les moyens les plus abominables. C'était pourtant commencer l'assimilation au moyen de relations multiples, et surtout par l'éducation des enfants, par la diffusion de la langue et des idées de la France. Tous les bons esprits la réclamaient ; mais l'influence néfaste qui régnait à l'hôtel du gouvernement général pendant l'épiscopat de Mgr Pavy, et qui se personnifiait dans le général Greley, chef d'état-major général, y sévissait encore pendant les premières années de Mgr Lavigerie. Un conflit aigu s'éleva, et, par suite, des lettres demeurées célèbres s'échangèrent entre le gouverneur et l'évêque.

Cet état de choses, si regrettable et funeste à tous les points de vue, devait avoir un terme : il lui fut imposé par la volonté de l'empereur, qui donna implicitement raison à l'évêque tout en ménageant la dignité du maréchal.

L'archevêque d'Alger reprit ses œuvres un instant interrompues ; il compléta celles commencées par ses prédéces-

Les Touaregs.

seurs ; il en créa un grand nombre, parmi lesquelles se distinguent l'organisation du service religieux dans l'armée d'Afrique, et la création de la société apostolique des Pères de la *Mission d'Alger*.

C'est seulement en 1874 que fut fondée la mission du Sahara et du Soudan, et que les premiers missionnaires furent envoyés vers les peuples idolâtres par la voie du sud oranais, la plus courte sans doute, mais la moins sûre aussi pour se rapprocher de l'équateur.

Les trois premiers missionnaires furent les trois premiers

martyrs de la congrégation naissante. Les RR. PP. Marie-
Alfred Paulmier, Philippe Ménoret et Pierre Bouchant tombèrent sur la route de Tombouctou, où ils allaient porter la
foi, sous les coups de ces mêmes Touaregs qui, presque à la
même place, massacrèrent plus tard la colonne Flatters.

La mort de ces premiers apôtres ne découragea pas leurs
confrères ; ne pouvant pénétrer dans le centre de l'Afrique
par le sud de l'Algérie, ils y sont entrés par la Tripolitaine
d'abord, puis par Zanzibar. Ils sont aujourd'hui établis à
l'extrémité nord du cours du Congo, vers le septième degré
trente minutes de l'équateur.

En même temps se créaient, sur le littoral de la Méditerranée
et dans la Kabylie, des écoles où religieux et religieuses de
cet ordre donnent aux enfants des deux sexes l'enseignement
qu'ils sont susceptibles de recevoir.

Cette œuvre immense a traversé de mauvais jours ; mais
l'autorité de son fondateur, la confiance qu'il inspire, l'ont
préservée de la ruine dont souvent elle a été menacée ; elle
marche, elle se développe, elle grandit. Un nouveau rejeton
vient de pousser sur son tronc béni : l'œuvre des *Frères
armés* a été inaugurée ces jours derniers à Biskra, point stratégique situé à l'entrée du désert, d'où ses moines guerriers
surveilleront les caravanes venant du Soudan vers la Tripolitaine, et délivreront ces malheureux nègres prisonniers
qu'elles amènent trop souvent sur les marchés de chair
humaine qui déshonorent le Levant.

LES ÉVÊCHÉS D'ORAN ET DE CONSTANTINE

Après l'érection d'Alger en archevêché et la création des
évêchés d'Oran et de Constantine, le calme était sur toute la
surface de l'Algérie : prêtres et religieux des deux sexes
accoururent à la voix des évêques. De notables changements
politiques coïncidèrent avec ce silence des armes. Le gouvernement général de l'Algérie passa de l'armée à l'élément
civil ; les généraux n'eurent plus d'action sur les affaires
administratives ; s'ils étaient désormais impuissants pour le

bien, ils n'étaient pas non plus contraints au mal ; et si leur sphère d'influence s'était rétrécie, leur conscience était plus au large ; ils pouvaient, sans crainte de disgrâce, se laisser aller à leurs sentiments chrétiens, à leur sympathie pour le clergé. C'est ce qu'exprimaient les évêques d'Afrique dans les termes suivants :

« La meilleure entente a toujours existé entre le clergé et l'armée. Elle a été inspirée par un égal dévouement à la cause de l'Algérie. L'armée, loin d'opposer des obstacles à l'action du clergé, l'a favorisée en maintes circonstances, en créant des succursales dans les centres soumis au régime militaire, et les subventionnant selon les besoins du culte. Le clergé, de son côté, a mis tout son dévouement au service de l'armée dans les ambulances, dans les hôpitaux, dans les colonnes expéditionnaires, toutes les fois qu'on a eu recours à son ministère. Tous les prêtres qui ont passé quelque temps sous ce qu'on appelle le régime militaire n'ont qu'à se louer de messieurs les officiers commandants supérieurs des cercles, ainsi que des généraux. »

Les diocèses d'Oran et de Constantine ont suivi la marche ascendante de l'archidiocèse d'Alger. Leur prospérité actuelle est un sûr garant de leur avenir.

Nous croyons pouvoir être agréable à nos lecteurs en leur racontant deux histoires dont nous avons été témoins et qui prouvent combien sont fausses les idées que les ennemis de la religion font courir sur ce qu'ils appellent le fanatisme ou, si l'on aime mieux, les accaparements du clergé. Nous terminerons notre livre par quelques observations sur le rôle des aumôniers en campagne.

LA PETITE CONSTANTINE

Parmi les épisodes sanglants de l'assaut et de la prise de Constantine, il en est un qui revient à notre souvenir, après plus de cinquante ans, aussi horrible que le jour où nous en fûmes témoin.

Maîtres de la ville, nous en explorions l'enceinte et nous

arrivâmes ainsi au bord des précipices à l'ouest de la kasbah.
Ayant remarqué çà et là des piquets enfoncés dans la terre
et des cordes attachées à ces piquets, la curiosité nous fit
regarder au fond de l'abîme, et les plus endurcis reculèrent
au spectacle qui s'offrit à leurs yeux. Au pied de ces rochers
immenses gisaient des corps d'hommes, de femmes, d'enfants,
entassés les uns sur les autres, mutilés, brisés, sanglants, au
milieu desquels on voyait quelques bras s'agiter, on entendait
quelques gémissements monter jusqu'à nous. Alors ces cordes
et ces piquets nous furent expliqués.

Au moment où nous pénétrions dans la ville, une partie de
la population avait voulu fuir par ces précipices sur les flancs
desquels les chèvres et les bergers kabyles ont fait d'étroits
sentiers. Elle s'y était engagée lentement d'abord ; mais, le
flot des derniers arrivés grossissant toujours, et la peur les
aiguillonnant, les uns et les autres, entraînés par la rapidité
de la pente, avaient roulé jusqu'au fond de l'abîme, laissant
des lambeaux de leurs cadavres aux pointes des rochers.
D'autres avaient planté sur le bord de l'escarpement des
piquets munis de cordes le long desquelles ils se laissaient
glisser. Soit que les piquets fussent mal plantés, soit que les
cordes fussent mauvaises, soit qu'elles eussent un trop grand
poids à supporter, les piquets s'étaient arrachés, les cordes
s'étaient rompues, et les malheureux qui leur avaient confié
leur vie avaient été précipités au fond des ravins.

A la furie du combat succéda aussitôt dans nos cœurs la
commisération ; nous courûmes pour les secourir, ce qui
n'était pas facile ; mais enfin, après de longs détours, nous
parvînmes jusqu'à eux. Parmi les quelques vivants, se trouvait
une petite fille de six ans environ, qui pleurait amèrement,
accroupie auprès des cadavres de deux femmes : c'étaient ceux
de sa mère et de sa tante. Un sergent du 17e léger, nommé
Bérod, va droit à ce groupe ; il arrache la malheureuse petite
à demi morte de dessus le cadavre de sa mère qu'elle tient
dans ses bras et l'emporte. Bérod présente la petite orpheline
à son capitaine qui, ému du récit du brave sous-officier, adopte
l'enfant au nom de sa compagnie et lui donne le nom de
Constantine, en souvenir des événements qui venaient de
s'accomplir. Ces généreuses résolutions reçurent leur accomplissement, et la jeune Arabe fut soignée sous les yeux de son

père adoptif jusqu'à ce qu'il trouvât l'occasion de la confier à la bienfaisance des sœurs de charité, à Bône.

Dans cette nouvelle position, la gracieuse petite Constantine faisait l'admiration de ses maîtresses et de ses jeunes compagnes par les charmes de son esprit et par ses qualités du cœur. Quand elle parlait de sa mère, ses yeux se remplissaient de larmes, et pourtant elle aimait à en parler souvent. Elle disait : « Je suis bien heureuse d'être Française maintenant ; si j'étais Bédouine, on me tuerait comme ma mère. » On n'avait pas de moyen plus sûr de la contrarier, que de la menacer de lui rendre ses habits et de la renvoyer dans les tribus des montagnes. Souvent elle disait : « Je veux être toujours Française ; je ne serai plus Bédouine. »

Pourtant, un jour, un Arabe des tribus de la montagne, un Bédouin dans toute la force du terme, père tendre cependant, et inconsolable d'avoir perdu sa femme et sa fille, vint frapper à la porte des sœurs de Bône. On lui avait dit que son enfant avait été sauvée par un soldat français et déposée entre les mains des religieuses, et il avait fait plus de quarante lieues pour venir la réclamer. Les larmes aux yeux, il réclamait sa chère petite fille. Les sœurs, craignant qu'il ne fût pas le père de leur aimable Constantine, ne se hâtèrent pas d'abord de répondre à ses demandes. Elles dirent à la jeune Arabe qu'un Bédouin désirait la voir, sans lui faire savoir néanmoins que ce Bédouin se disait son père. La pauvre enfant se mit à pleurer, et se jetant aux genoux des bonnes religieuses, elle les suppliait de la garder, s'écriant qu'elle voulait rester Française et ne pas devenir Bédouine. Cependant, de son côté, le père insiste pour voir son enfant ; alors on amène Constantine, malgré ses cris et sa résistance. A peine l'enfant a-t-elle vu ce Bédouin si redouté, qu'elle s'élance dans ses bras, fondant en larmes, et crie en se retournant vers ses maîtresses : « Bédouine, Bédouine, je ne suis plus Française ! Voilà mon père, mon bon père ! » Et elle le couvre de baisers. L'Arabe serrait son enfant dans ses bras, et, ne se possédant pas de joie, il s'enfuit précipitamment et l'emporta sans même songer à remercier les religieuses qui lui avaient prodigué des soins si touchants... tant il craignait qu'on ne lui ravît de nouveau sa chère enfant.

« J'ai vu depuis ce bon père, dit M. l'abbé Suchet, qui nous

a transmis ces détails. Il m'a donné de bonnes nouvelles de
sa fille, et il m'a dit qu'en souvenir de sa délivrance, il lui
avait conservé le nom que les soldats français lui avaient
donné. »

LA PETITE ZOÉ

En 1839, encore une petite Bédouine des montagnes de
l'Edoug, âgée de cinq à six ans, fut abandonnée volontai-
rement par ses parents, dans les rues de Djidgelli, pauvre,
misérable et presque nue. Un bon sergent-major, qui avait
avec lui sa femme et sa fille, âgée de quatorze ans, eut pitié
de la pauvre abandonnée qu'aucun Arabe de la ville n'avait
voulu secourir, et l'emmena chez lui, où sa femme et sa fille
eurent d'elle tous les soins possibles. Ce brave homme voulait
l'adopter dans le cas où l'on ne viendrait pas la réclamer. La
pauvre enfant s'attacha à son père adoptif au point qu'elle ne
voulait plus le quitter d'un pas. Elle avait tellement horreur
des Bédouins et de tout ce qui les lui rappelait, qu'elle ne
voulait même pas qu'on lui parlât arabe. M. l'abbé Suchet
lui ayant un jour adressé quelques mots dans cette langue,
croyant lui faire plaisir, elle lui fit une petite moue et, se
cachant derrière sa sœur adoptive, elle ne voulut pas répondre.
L'abbé lui ayant parlé français, elle courut à lui, lui baisant
les mains et lui disant avec gentillesse : « Moi, pas Bédouine,
jamais, jamais; je suis Française, je m'appelle Zoé, viens avec
moi voir mon bon père. » Et elle le mena à l'hôpital, où son
père, le charitable sous-officier, était malade. Celui-ci raconta
à l'abbé Suchet comment il avait trouvé cette enfant; il lui
dit qu'il avait su par son vieux grand-père, qui était allé la
réclamer, qu'elle était orpheline de père et de mère.

La petite Zoé ne fit pas comme Constantine. Dès qu'elle
vit son grand-père, au lieu d'aller se jeter dans ses bras, elle
courut se cacher en criant qu'elle ne voulait pas retourner
à la montagne. Le bon vieillard, voyant l'attachement extra-
ordinaire de sa petite-fille pour les braves gens qui l'avaient
adoptée, protesta qu'il ne l'emmènerait pas et que lui, qui
en était le maître, il leur en ferait purement et simplement

l'abandon. Pour celle-là, on en a fait une chrétienne ; le sous-officier le voulait et le grand-père ne s'y opposait pas. Mgr Dupuch, informé de tout, prescrivit les enquêtes commandées par la sagesse, et se proposait de se charger de la petite Zoé, si ses parents adoptifs voulaient la lui céder. Nous doutons qu'ils y aient consenti.

Ainsi rien chez les musulmans, rien chez les chrétiens, ne justifie l'opposition mise pendant si longtemps au contact du clergé avec les indigènes et qui, pour ne pas être violente et brutale, comme autrefois, n'en subsiste pas moins encore aujourd'hui à l'état latent. Ce n'est pas sans de grandes difficultés, de fàcheux malentendus, qu'il a été permis aux prêtres et aux soldats de se sentir les coudes et de marcher ensemble à la conquête morale de ce peuple dont nous occupons le sol, mais dont l'âme nous échappe encore faute de savoir la gagner.

LES AUMONIERS EN CAMPAGNE

Volontaires de la foi et de la charité, sans titre officiel, sans traitement spécial, sans allocation de vivres, les aumôniers avaient dans les colonnes expéditionnaires une situation bien effacée en apparence, mais en réalité considérable, vu le respect dont l'armée les entourait, et la sympathie ouverte des généraux. Il ne pouvait pas en être autrement. On s'entend vite entre gens de cœur, et les braves portant des armes se rapprochaient naturellement de ces autres braves qui, désarmés, s'exposaient de gaieté de cœur aux mêmes dangers qu'ils affrontaient, eux, par devoir.

Certains aumôniers vivaient à l'état-major, d'autres à la *popotte* des officiers d'administration, prenant leur part de la dépense commune. Observateurs scrupuleux des ordres militaires, indulgents pour les faiblesses humaines, instruits, bien élevés, ils se faisaient dans tous les rangs des amitiés dont le plus grand nombre a survécu aux circonstances qui les avaient fait naître.

Nous avons dit quelle était leur place habituelle dans les marches, et comme ils employaient dans les ambulances les heures de repos qui s'écoulaient entre deux journées de combat. Si l'armée stationnait, ne fût-ce qu'un jour, soit pour ravitaillement, soit pour la préparation de quelque importante action de guerre, l'aumônier aimait à parcourir le bivouac, échangeant des propos de politesse avec les officiers, mais s'arrêtant aux groupes de soldats avec un ton de véritable camaraderie, dans un langage à la portée de ses interlocuteurs, les interrogeant avec intérêt sur leur pays, sur leur famille, gagnant leur confiance, sondant délicatement leur âme, se faisant de chacun d'eux un ami, résumant leur entretien en ces deux mots : Dieu et la France, qui doivent constituer la devise du soldat français.

Nos soldats sortaient meilleurs de ces conversations, plus disciplinés et plus courageux ; l'aumônier reprenait sa promenade, s'arrêtant à de nouveaux groupes ; et, rentré sous sa tente, il rendait grâces à Dieu, car il venait souvent de remporter quelques victoires. Il avait conquis une âme, quelquefois plusieurs dans la même journée, âmes incultes jusqu'alors par la négligence des parents, ou emportées loin de Dieu par le tourbillon des passions. Que de retours à la lumière se sont opérés de la sorte, rien que par une simple conversation, rien que par la présence au camp d'un prêtre, d'un aumônier !

Ceux qui ne croient pas à l'influence du prêtre dans le milieu où nous le plaçons ne réfléchissent pas à la situation d'esprit du soldat loin de son pays, loin de sa famille, sans cesse exposé à la mort qu'il va donner à d'autres et qu'il peut recevoir lui-même. Sa vie antérieure se présente à son souvenir ; il revoit son enfance avec ses joies si pures, son adolescence avec ses troubles et ses ardeurs mal contenues par l'indifférence de son père et la faiblesse de sa mère, l'abandon des pratiques chrétiennes, l'oubli même de notre sainte doctrine. Il se rappelle son curé qui l'a baptisé, qui lui a peut-être fait faire sa première communion.

Tout à coup un homme semblable à ce bon directeur de son enfance s'offre à ses yeux : il porte le même habit, c'est la même démarche, le même langage grave et doux à la fois. Pourquoi n'irait-il pas à lui ou ne l'accueillerait-il pas avec confiance ? Pourquoi ne lui dirait-il pas ses peines, ses révoltes intérieures, ses espérances et ses désespoirs ? Pourquoi ne

lui ouvrirait-il pas son âme altérée de consolations ? Et voilà
que sous la tente de l'aumônier, à l'abri d'une touffe d'arbres,
quelquefois en cheminant côte à côte, bras dessus, bras dessous, le prêtre et le soldat engagent une conversation intime...
Le soldat s'est confessé !

Et ne croyez pas que ce soit là un tableau d'imagination,
le rêve d'un esprit halluciné, faisant une réalité de ce qui
n'est qu'un vœu. Non : la scène que nous avons décrite s'est
produite de tout temps et se voit souvent encore partout où
on a laissé un point de contact entre les prêtres et les soldats.
Pour ne pas laisser un instant de doute à ce sujet, nous
reproduisons une lettre adressée à un de ses amis par M. l'abbé
Marceille, aumônier du corps d'armée de la Tunisie, et que
cet ami a bien voulu nous confier pour l'édification de nos
lecteurs.

« C'était dans les premiers jours de l'année 1882, — écrit
M. l'abbé Marceille. — J'étais alors aumônier intérimaire de
l'ambulance de Manouba, près de Tunis. Je remplaçais un
charmant aumônier, le Père Félicien, de l'ordre de Saint-
François ; le père avait contracté la petite vérole dans son
service près des soldats. Il entra à l'ambulance, où il guérit,
et où il servit bientôt d'infirmier à un jeune sous-lieutenant
du 11e de hussards, qu'on avait transporté de Zagouhan dans
un état effrayant. Son visage était affreusement défiguré par
la petite vérole. Les soins du médecin et les prières du bon
père hâtèrent sa guérison, dont il remercia Dieu par une fer-
vente communion.

« Le dimanche, après avoir dit une première messe à la
Manouba, une deuxième à Tebourka, où se trouvait un corps
de troupes assez nombreux, je retournai dans l'après-midi
à mon poste principal, et, selon mon habitude, j'allai me
promener à hauteur du camp, sur les rives élevées de la
Medjerda. Je pensais être plus accessible aux soldats. Je ne
me trompais point.

« Au bout d'un instant, j'aperçus un soldat qui marchait
presque parallèlement à moi, à quelque distance. Je crus
comprendre qu'il voulait me parler et j'attendis que nous
fussions un peu rapprochés. « Est-ce que vous avez quelque
« chose à me demander ? » lui dis-je. Il fit quelques pas vers
moi, et avec un embarras extrême : « Oui, me répondit-il,

« mais je n'ose, monsieur l'aumônier, vous dire la peine que
« j'éprouve. » Je l'encourageai. Après un instant de silence,
ce pauvre soldat reprit : « Monsieur l'aumônier, je suis bien
« malheureux, je n'ai pas fait ma première communion. Voilà
« bien des années que cette pensée m'oppresse ; aujourd'hui
« je me suis senti encouragé à vous la communiquer. » Et il
fondit en larmes. Je le consolai et lui assurai ce bonheur.

« — Comment se fait-il, lui demandai-je, que vous n'ayez
« pas fait votre première communion ? — J'étais, me dit-il,
« sur le point de la faire, je suivais le catéchisme prépara-
« toire. Quand on fit l'examen, je ne répondis pas suffisam-
« ment et je fus remis à l'année suivante. J'étais déjà grand
« et obligé de travailler pour venir en aide à ma mère, qui
« était veuve. Nous étions cinq enfants encore jeunes. Quand
« les catéchismes recommencèrent l'année d'après, je n'osai
« plus me présenter ; j'étais, du reste, en apprentissage.
« Depuis, je vis avec le remords de n'avoir pas reçu le bon
« Dieu, et, veuillez le croire, je ne désire rien tant que de le
« recevoir. » Ce récit m'émouvait. « Savez-vous, lui dis-je,
« vos prières ? — Je les sais, » me répondit-il, et il me récita
le *Pater,* l'*Ave* et le *Credo.* Il répondit aussi à mes questions
sur les principaux mystères de notre sainte religion.

« — Depuis quand ne vous êtes-vous pas confessé ? conti-
« nuai-je. — Depuis l'époque où j'allais au catéchisme, voilà
« bien longtemps. — Ne vous découragez pas ; si vous le
« voulez, je vais vous confesser tout de suite, et je vous
« rendrai la paix de l'âme. » Il était prêt à s'agenouiller.
« Non, restez debout, ajoutai-je, je vous confesserai en nous
« promenant. » Il dit son *Confiteor,* je l'aidai dans l'examen
de ses péchés, et j'eus le bonheur de le réconcilier avec le
ciel. Sa joie était grande et se traduisait par des larmes.
« Maintenant, lui dis-je, voici un petit manuel, lisez-le,
« repassez l'abrégé de notre foi qui s'y trouve, et dans trois
« semaines vous aurez le bonheur de faire votre première
« communion. » Il la fit avec un autre soldat de son bataillon
qui était dans le même cas, le jour de la Pentecôte, à une
première messe que je dis dans ma chambre.

« L'histoire de cet autre soldat n'est pas moins frappante,
et je cède au plaisir de la raconter.

« J'étais revenu à Tebourka, à la suite de l'évacuation de

l'ambulance de Manouba sur la Goulette. Un jour, de très bonne heure, j'étais allé me promener dans le jardin de la caserne. Un soldat en faction, près de l'entrée du jardin, me porta les armes, et, me voyant seul, il me dit : « Monsieur « l'aumônier, moi non plus je n'ai pas fait ma première com- « munion. Vous avez promis à un de mes camarades de la lui « faire faire. Est-ce que je ne pourrais pas avoir le même bon- « heur?... » J'admirai les secrets desseins de la Providence qui m'avait conduit en cet endroit précisément où ce jeune soldat montait la garde. Je lui donnai bon espoir et l'engageai à venir me voir après la soupe. Il vint exactement. Je l'inter-rogeai sur la religion. Il était malheureusement très peu in-struit. Je lui fis le catéchisme ce jour-là; il revint les jours suivants avec son camarade. Au bout d'une dizaine de jours, ils me parurent suffisamment instruits, et j'eus le bonheur de leur donner à chacun la sainte communion, comme je vous l'ai dit.

« J'invitai à cette fête deux ou trois soldats dévoués, qui com-munièrent avec eux. Ils ont persévéré. Tous deux annoncèrent le soir même à leur famille la grâce précieuse qu'ils avaient eue le matin de ce beau jour, et je reçus de leur mère et de leur sœur des lettres pleines d'affectueux témoignages de leur foi et de leur reconnaissance. »

FIN

TABLE DES MATIÈRES

DEUXIÈME PARTIE

L'ACTION RELIGIEUSE

22182. — Tours, impr. Mame.

OUVRAGES
DE LA MÊME COLLECTION

FORMAT GRAND IN-8° — 3ᵉ SÉRIE

CHAQUE OUVRAGE EST ORNÉ DE PLUSIEURS GRAVURES